Inhaltsverzeichnis

Gartenpraxis & Lexikon

8 Naschhecken
12 Überblick Bäume / Sträucher

22 Apfelbeere
24 Berberitze / Sauerdorn
26 Brombeere
28 Eberesche / Vogelbeere
31 Elsbeere
32 Felsenbirne
34 Heidelbeere
36 Himbeere
38 Holunder
40 Johannisbeere
42 Jostabeere
43 Kornelkirsche / Tierlibaum
46 Mahonie
47 Maibeere
48 Mehlbeeren
50 Mispel
52 Sanddorn
54 Scheinquitte / Feuerbusch
56 Schlehe / Schwarzdorn
58 Speierling
60 Stachelbeere
61 Weißdorn
63 Wildapfel / Holzapfel
64 Wildkirsche
66 Wildpflaumen / Wildzwetschgen
68 Wildrosen

Aperitif & Vorspeisen

74 Rotes Wildapfelsüppchen mit Chili
76 Spargel-Frühlingsrollen mit süßsaurer Wildbeersauce
78 Geräucherte Entenbrust mit Wildpflaumenchutney
80 Gebratene Gänseleber mit Scheinquittengelee
82 Pfeffersteak von rotem Thunfisch mit Sanddornmayonnaise
84 Ravioli mit Gänseleberfüllung auf Mispelmus
86 Vitello Rugoso
88 Birnenwecken mit Mispeln und Nüssen
90 Apfelrösti mit Apfelbeergelee und Toggenburger Tuma

Mahlzeiten

94 Seeteufel mit Apfelbeerensauce und Couscous
96 Entenbrüstchen mit Kornelkirschensauce
98 Geschmorter Poulardenschenkel mit Schlehenbeerensauce
100 Perlhuhnbrüstchen auf Preiselbeer-Nudeln
100 Rehschnitzel mit Berberitzen
102 Rehrückenfilet auf Holunderbeersauce

Desserts

106 Mahonienkompott mit Haselnusswaffeln
108 Crème brûlée mit Kornelkirschenkompott
110 Wildbeerensorbets
112 Apfelbeersorbet
112 Sanddornsorbet
112 Maibeerensorbet
113 Brombeerensorbet
113 Sorbet von roten und weißen Johannisbeeren
114 Heidelbeerensorbet
114 Sorbet von schwarzen Holunderbeeren
114 Sorbet von roten und weißen Holunderbeeren
115 Himbeerensorbet
115 Schlehensorbet
116 Maibeerensorbet mit Mandelwaffeln
116 Mahonien-Sauerrahm-Eis im Hüppenkörbchen
118 Holunderbeersirup-Sauerrahm-Eiscreme
118 Mini-Gipfel mit Mispel-Haselnuss-Füllung
120 Crêpes mit Hagebuttenfüllung
122 Rotes Wildapfelmus mit Wildäpfeln in Rotweinsirup
124 Sanddornmousse mit Wildbeerkompott
126 Zitronentörtchen mit Maibeeren
126 Schaumköpfchen mit schwarzer Wildbeergrütze
128 Alter Parmesan mit Mispelchutney
128 Holderprägel mit Toggenburger Försterkäse

Eingemachtes

132 Sirup – Grundrezept
132 Schwarzer Holunderbeersirup
134 Mispelgelee
134 Scheinquittengelee
136 Apfelbeergelee
136 Holunderbeergelee
137 Schlehengelee
137 Sanddorngelee
138 Kornelkirschenkompott mit Stein
138 Kornelkirschenkompott ohne Stein
140 Sauerkirschenkompott
140 Sanddornbeerenkompott
142 Rote Wildäpfel in Rotweinsirup
144 Mispelmus
144 Hagenbuttenkonfitüre
146 Mispelchutney
146 Chutney von Johannisbeeren
146 Preiselbeerchutney
147 Chutney von Wildpflaumen
147 In Öl eingelegte Schalotte
148 Sanddornmayonnaise
148 Mispelketchup
149 Süßsaure Wildbeersauce
149 Sauce von schwarzen Holunderbeeren

Anhang

150 Register

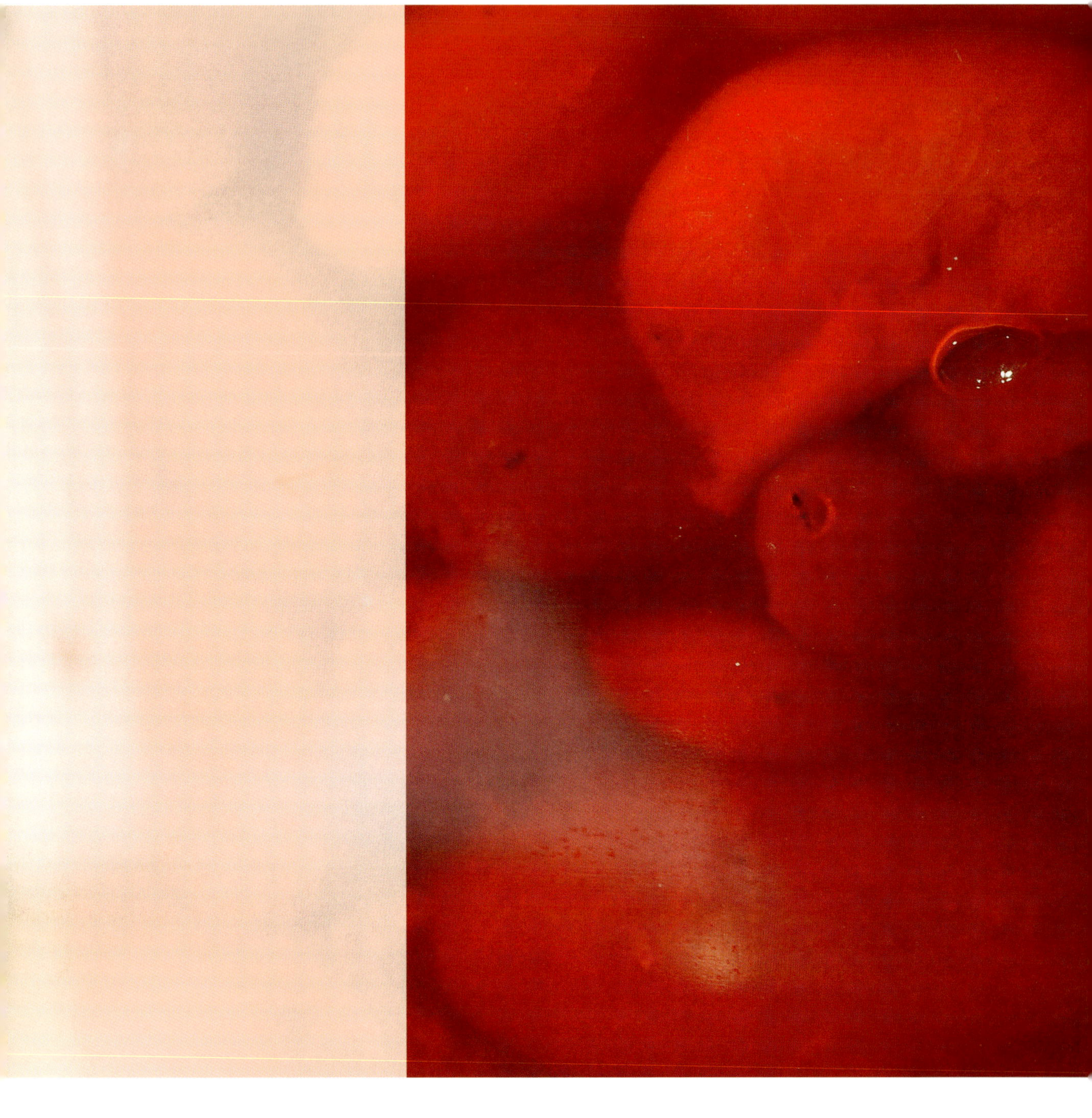

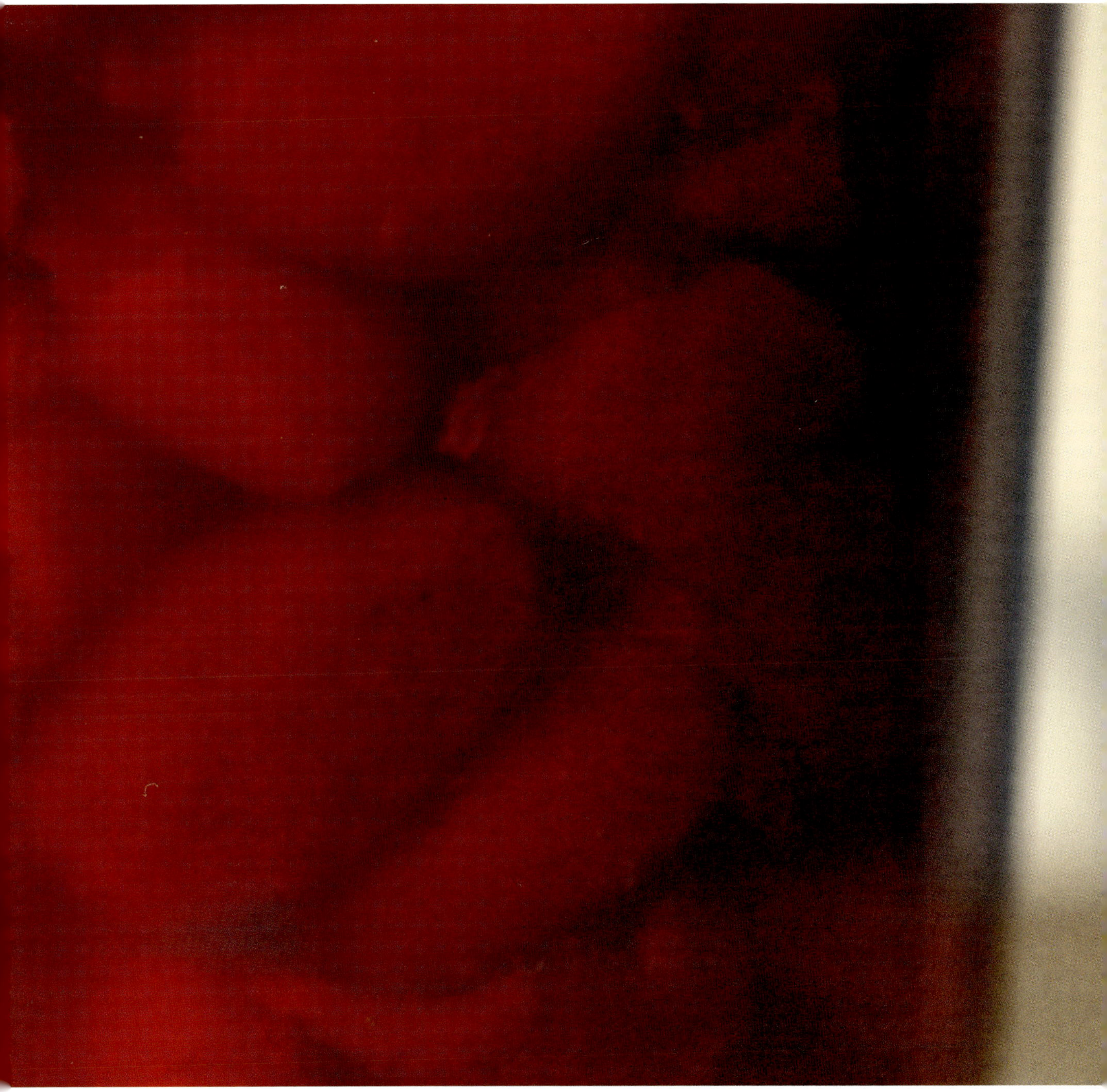

Gartenpraxis & Lexikon

Naschhecken

im fruchtigen Garten

Früchte von Wildgehölzen dienten während Jahrtausenden als Nahrung. Auch in der Volksmedizin spielten sie eine wichtige Rolle. In der westlichen Welt sind die Früchtchen und Beeren in den letzten hundert Jahren vielfach durch kultivierte und ergiebigere Sorten verdrängt worden. Einige Wildobstarten wurden fälschlicherweise sogar als giftig eingestuft. Moderne Medikamente mit synthetischen Wirkstoffen waren mitverantwortlich, dass das Wissen um die Heilkraft der Wildfrüchte in Vergessenheit geraten ist.
Inzwischen hat ein Umdenken stattgefunden. Wilde Himbeeren, Hagebuttenkonfitüre, Sanddornmark, Holundersirup & Co. werden als hochpreisige Delikatessen und aromareiches Wellness-Food verkauft. In der Naturheilkunde werden natürliche Wirkstoffe eingesetzt, die in den meisten Wildobstsorten reichlich und in einem ausgewogenen Verhältnis vorkommen. Auch im Obstbau besinnt man sich wieder auf urtümliche Stammpflanzen, um ihre genetischen Werte bezüglich Krankheitsresistenz zu ergründen und auf neuzeitliche Züchtungen zu übertragen.

Es gibt weitere gute Gründe, die einheimischen Sträucher und Bäume im Garten und in der Naschhecke zu integrieren. Die meisten Sorten sind robust und pflegeleicht. Um sie im Zaum zu halten, können sie problemlos ausgelichtet oder geschnitten werden. Als Gehölzgruppe oder Hecke bieten sie nicht bloss Wind- und Sichtschutz, sondern werden als natürliches Gestaltungselement eingesetzt. Punkto Schönheit stehen sie ihren kultivierten Verwandten oder exotischen Ziergehölzen in nichts nach. Oder können Sie sich etwas Zauberhafteres vorstellen als die in bräutlichem Weiß leuchtenden Schlehen im frühen Frühling? Oder das flammende Herbstfeuer von Kornelkirschen und Mehlbeeren?

Mit einheimischen Wildobstgehölzen schaffen wir Lebensräume, welche Tieren nützen und Menschen erfreuen. Vielen Lebewesen – darunter auch seltenen Insekten, Vögeln und Kleinsäugern – bieten sie Nahrung sowie Nist- und Rückzugsmöglichkeiten. Man geht davon aus, dass durchschnittlich rund hundert Tierarten direkt oder indirekt von einer einheimischen Strauchart abhängig sind.
Auch wir Menschen profitieren: Einige der zumeist sehr vitamin- und mineralstoffhaltigen Früchte wie die Felsenbirne kann man direkt vom Strauch / Baum schnabulieren.
Andere müssen zuerst entsaftet oder gekocht

werden, damit sie genießbar sind und ihr spezielles Aroma entfalten. Aus vielen Wildobstfrüchten werden zudem hochkarätige Edelbrände hergestellt.

Bei Naschhecken werden einheimische Arten ergänzt durch robuste Wildfrüchte aus anderen Regionen des Erdballs, beispielsweise die aus Nordamerika stammende Schwarze Apfelbeere, die Scheinquitte oder die Sibirische Maibeere, die schon im Februar blüht und im Mai heidelbeerähnlich schmeckende Früchte trägt. Daneben gibt es natürliche Kreuzungen und gezielte Züchtungen von einheimischen Wildgehölzen mit größeren und aromatischeren Früchten. In der Tabelle werden einige gängige Sorten aufgeführt. Um eine standortgerechte und vom Erntezeitpunkt her ideale Wahl zu treffen, empfiehlt sich die Beratung durch Fachleute. Auch deshalb, weil in einigen Kantonen die Vermehrung und der Verkauf für gewisse der in diesem Buch porträtierten Pflanzen verboten ist. Zier- und Wildgehölze wie Scheinquitte, Mispel, Weißdorn, verschiedene Sorbus- und Amelanchier-Arten können nämlich ebenso vom Feuerbrand befallen werden wie die Kernobst-Kultursorten. Allerdings sind sich selbst Fachleute uneinig, ob solche Verbote und Radikalmaßnahmen sinnvoll sind.

Die Auswahl von Wildobst und Wildbeeren in diesem Buch ist bei weitem nicht vollständig. Der im Toggenburg lebende Wildstaudenzüchter und Biotop-Gestalter Pavel Beco (www.albisboden.ch) etwa, dem ich für die fachmännische Unterstützung bei der Realisierung dieses Buches von ganzem Herzen danke, kennt viele weitere bei uns kaum bekannte Wildobstgehölze, etwa den Mäusedorn (Ruscus aculeatus), die Ölweide (Eleagnus spec.) oder die Bärentraube (Arctostaphylos uva-ursi).

Bei geschickter Planung, genügend Platz und geeigneten Sorten kann man in einer Wildobsthecke von Mai bis November immer wieder Wildfrüchte ernten. Mit «Naschinseln», bei denen man sich auf wenige Sorten mit seinen Lieblingsfrüchten beschränkt, ist ein solches «Biotop» selbst bei kleinem Garten machbar.

sonnig, normal feucht

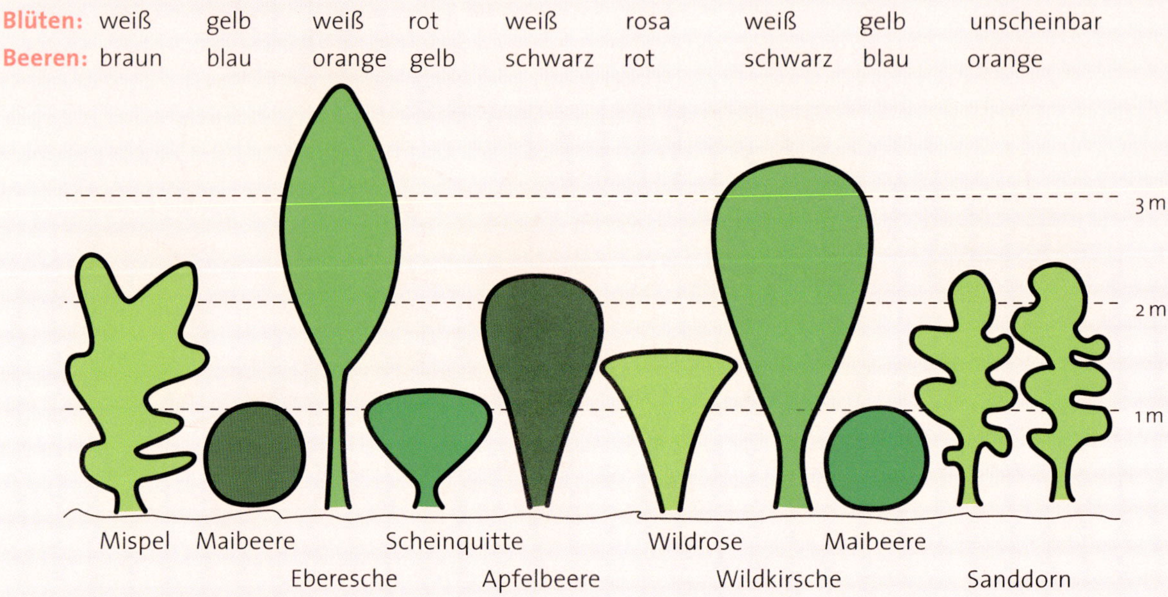

sonnig, trocken

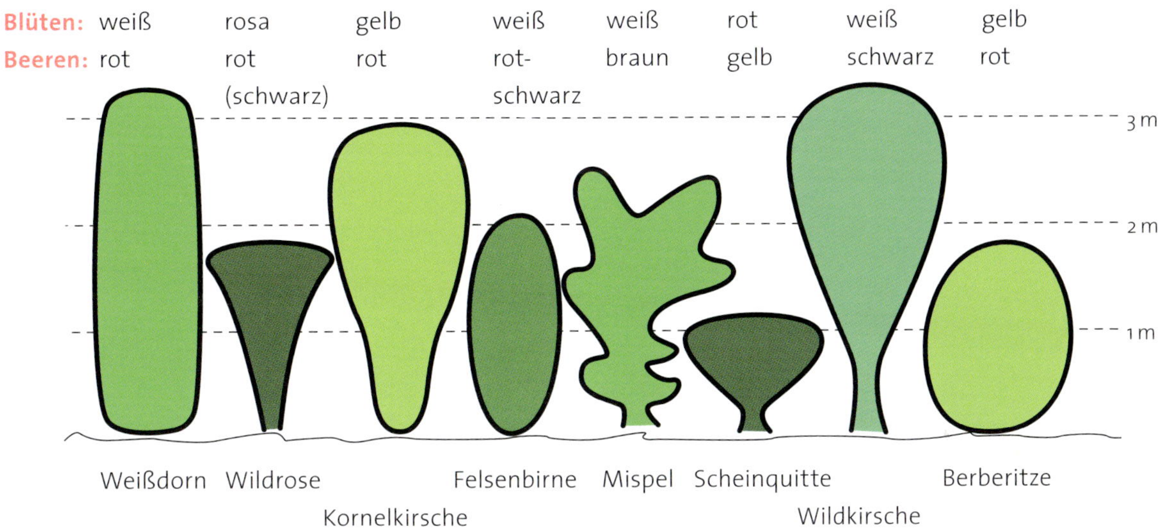

halbschattig, feucht

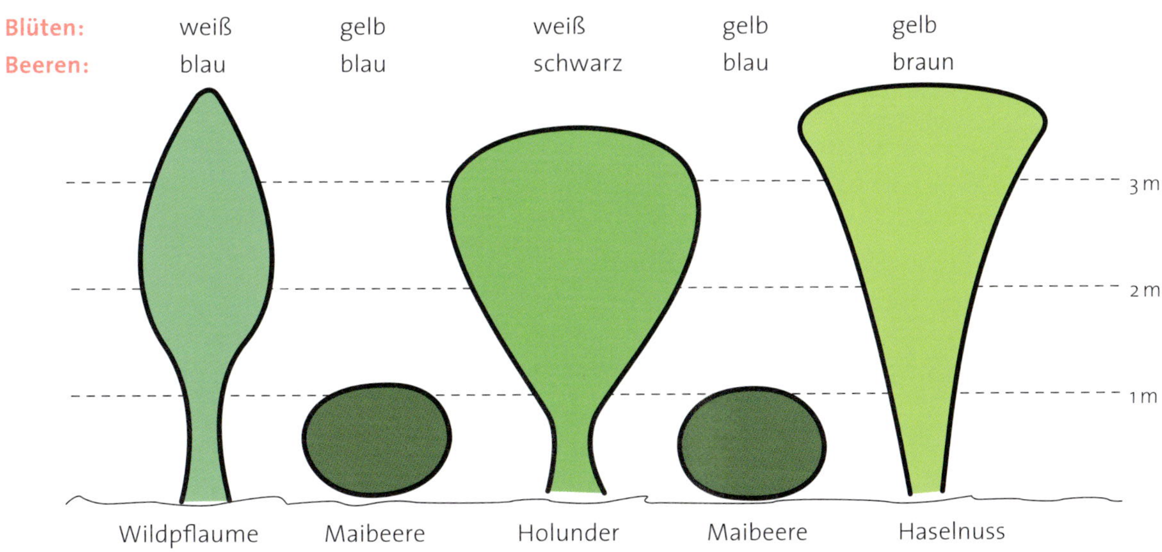

deutscher Name botanischer Name Merkmale	Höhe	bevorzugter Standort	*Blüten* Blühzeit Blütenfarbe	*Früchte* Erntezeit Farbe Aroma
Apfelbeere *Aronia melanocarpa* *Aronia × prunifolia* *Aronia arbutifolia* hoher gesundheitlicher Wert	Strauch 1–2,5 m Baum	sonnig bis halbschattig, neutral bis leicht sauer, nicht zu trocken	Mai / Juni weiß, eventuell rosa überhaucht	August / September rot oder schwarz herb-fruchtig
Berberitze **Gewöhnlicher Sauerdorn** *Berberis vulgaris*	Strauch bis 3 m	sonnig, kalkhaltig, nährstoffarm mäßig trocken	Mai / Juni gelb	September rot, selten schwarz herb-sauer
Brombeere *Rubus fruticosus*	Strauch 2–4 m	sonnig bis halbschattig, leicht sauer, nährstoffreich	Juni / Juli weiß bis rosa	ab Juli blau-schwarz süß-säuerlich-fruchtig
Eberesche **Vogelbeere** *Sorbus aucuparia* schnell wachsend zur Bodenbefestigung geeignet *	Strauch Baum bis 25 m	sonnig bis halbschattig	Mai / Juni weiß	ab August gelb- bis scharlachrot halb-mehlig
Elsbeere *Sorbus torminalis* (gefährdete Art) *	Strauch Baum bis 25 m	wärmeliebend, leicht basisch, nährstoffreich bis mager	Mai / Juni weiß	September orange-braun säuerlich, marzipanähnlich
Felsenbirne, Echte *Amelanchier ovalis* *	Strauch Baum 1,5–3 m	sonnig, locker, leicht kalkhaltig	April / Mai weiß	Juli / August purpurrot bis schwarz heidelbeerähnlich
Heidelbeere *Vaccinium* zur Ertragssteigerung 2 Sträucher setzen	Strauch 0,5–2 m	sonnig bis halbschattig, feucht, sauer, nährstoffarm	Mai / Juni weiß bis rosa	ab Juli bis August dunkelblau süß-säuerlich, herb-fruchtig

Inhaltsstoffe	**Küche**	**wertvoll für**	**Pflege**	**Sorten für durchschnittliche Boden- und Klimaansprüche**
Zucker, Säure, Pektin, Gerbstoffe, Vitamine, Folsäure, Anthocyane, Flavonoide	*Frucht:* Saft (gekocht), Gelee, Sorbet, Kompott, pikante Sauce	Insekten, (Wild-)Bienen, Vögel	A	siehe Porträt
Vitamin C, Flavonoide, reich an Säuren	*Frucht:* roh, Saft (roh und gekocht), Gelee, dörren, kandieren *Blatt, Holz, Wurzel:* sie sind giftig!	Insekten, (Wild-)Bienen, Vögel	A S Z	Red Tears
mineralstoff- und vitaminreich, Flavonoide	*Frucht:* roh, Saft (roh und gekocht), Gelee, Sorbet, Konfitüre, Essigfrucht, Likör *Blatt:* Tee	Insekten, (Wild-)Bienen, Vögel	A S F	siehe Porträt
Vitamine (vor allem C), gerbstoffreich Zucker, Pektin, organische Säure	*Frucht:* Saft, Gelee, Konfitüre, Mus, Kompott, dörren *Blatt:* Tee	Insekten, (Wild-)Bienen, Vögel, Kleinsäuger	A S	siehe Porträt
gerbstoffreich	*Frucht:* Saft, Gelee, Mus, Konfitüre	Insekten, (Wild-)Bienen, Vögel, Kleinsäuger	A	
Vitamine, Zucker, Pektin, Flavonoide	*Frucht:* roh, Saft (roh und gekocht), Gelee, Konfitüre, Mus, dörren	Insekten, (Wild-)Bienen, Vögel, Kleinsäuger	A	Ballerina, Saskatoon, Alaska, Robin Hill, Leuk, Prince William, Smoky
Zucker, Flavonoide	*Frucht:* roh, Saft (roh und gekocht), Gelee, Sorbet, Konfitüre, dörren *Blatt:* Tee	Insekten, (Wild-)Bienen, Vögel	A	Bluecrop, Duke, Elizabeth

deutscher Name botanischer Name Merkmale	Höhe	bevorzugter Standort	*Blüten* Blühzeit Blütenfarbe	*Früchte* Erntezeit Farbe Aroma
Himbeere *Rubus idaeus*	Strauch 2 m	sonnig, neutral bis sauer, leicht feucht nährstoffreich	Mai oder Juni–August weiß	ab Ende Juni himbeer- bis dunkelrot, gelb fruchtig-süß
Holunder – Holunder, Schwarzer *Sambucus nigra* schnell wachsend	Strauch Baum bis 10 m	sonnig bis halbschattig, eher feucht,	Mai / Juni gelblich-weiß, stark duftend	ab September schwarzviolett herb-süß
– Holunder, Roter Traubenholunder *Sambucus racemosa* schnell wachsend	Strauch bis 4 m	sonnig bis halbschattig, feucht, eher kalkarm	April / Mai gelblich-grün	August scharlachrot säuerlich
Johannisbeere *Ribes rubrum*	Strauch 1–1,6 m	sonnig bis halbschattig, nährstoffreich	April–Mai grünlich-gelb	Juni–August weiß, rot spritzig, säuerlich-süß
– Johannisbeere, Schwarze *Ribes nigrum*	Strauch 2 m	sonnig bis halbschattig, nährstoffreich	April–Mai grünlich-gelb	Juli schwarz fruchtig, herb-süß
– Johannisbeere, Gold- *Ribes odoratum* – Johannisbeere, Blut- *Ribes sanguineum*	Strauch 2–3 m	sonnig bis halbschattig	April / Mai odoratum: gelb sanguineum: pink	Juli dunkelbraun bis schwarz herb-säuerlich
Jostabeere *Ribes nidigrolaria* starkwüchsig	Strauch 1– 1,5 m	sonnig, nährstoffreich	April / Mai grünlich-gelb	ab Juli weinrot bis schwarz herb-süßlich, fruchtig
Kornelkirsche **Tierlibaum** *Cornus mas*	Strauch Baum bis 5 m	sonnig-halbschattig, mäßig feucht bis mäßig trocken, leicht basisch	Februar goldgelb, Honigduft	Spätsommer kirschrot, selten gelb süß-säuerlich, fruchtig

Inhaltsstoffe	Küche	wertvoll für	Pflege	Sorten für durchschnittliche Boden- und Klimaansprüche
Vitamine (vor allem C), Mineralstoffe, Zucker, Fruchtsäure, Pektin	*Frucht:* roh, Saft (roh und gekocht), Gelee, Sorbet, Konfitüre, süßsaure Sauce *Blatt:* Tee	Insekten, (Wild-)Bienen, Vögel		siehe Porträt
Vitamine A, B und C, Mineralstoffe, Flavonoide	*Blüte:* Sirup, Tee, frittieren *Frucht:* Saft, Gelee, Sorbet, Konfitüre, Kompott, pikante Sauce, in Essig und Alkohol einlegen, Tee *Blatt:* Tee	Insekten, (Wild-)Bienen, Vögel	A S	Haschberg (schwarz), Albida (weiß), Black Beauty, Black Lace (rotlaubig)
Vitamine, Mineralstoffe	*Frucht:* Saft, Gelee, Sorbet	Insekten, (Wild-)Bienen, Vögel	A S	
Fruchtsäure, Vitamine (vor allem C), Mineralstoffe, Pektin	*Frucht:* roh, Saft (roh und gekocht), Sirup, Gelee, Sorbet, Konfitüre, Kompott, Chutney	Insekten, (Wild-)Bienen, Vögel	A S	siehe Porträt
Vitamin C, Mineralstoffe, Flavonoide, Anthocyane, Terpene	*Frucht:* roh, Saft (roh und gekocht), Gelee, Sorbet, Konfitüre, Kompott, Likör	Insekten, (Wild-)Bienen, Vögel	A	im Fachhandel fragen
ähnlich wie Schwarze Johannisbeere	*Frucht:* roh, Saft (roh und gekocht), Gelee, Konfitüre, Kompott	Insekten, (Wild-)Bienen, Vögel	A S Z	
Vitamine, Mineralstoffe, Flavonoide	*Frucht:* roh, Saft (roh und gekocht), Gelee	Insekten, (Wild-)Bienen, Vögel	A	
Vitamine (viel C), Gerbstoffe, Pektin, organische Säuren, Zucker	*Frucht, grün:* Olivenersatz *Frucht, reif:* roh, Saft (roh und gekocht), Gelee, pikantes / süßes Kompott, Konfitüre, dörren, kandieren	Insekten, (Wild-)Bienen, Vögel, Säugetiere	A S Z	Kasanlaker, Castello, Jolico

deutscher Name botanischer Name Merkmale	Höhe	bevorzugter Standort	*Blüten* Blühzeit Blütenfarbe	*Früchte* Erntezeit Farbe Aroma
Mahonie, Gewöhnliche *Mahonia aquifolium*	Strauch 1 m	sonnig, trocken, basisch, stickstoffreich	Frühling gelb	August / September blau säuerlich
Maibeere *Lonicera kamtschatica* 2 Pflanzen, wegen Fremdbestäubung	Strauch 1–1,5 m	halbschattig, feucht	März gelb-weiß	Mai / Juni blau heidelbeerähnlich
Mehlbeere, Echte *Sorbus aria* langsam wachsend *	Strauch Baum 15 m	sonnig, trocken, kalkhaltig, nährstoffreich	Mai weiß	ab September orange bis scharlachrot mehlig-fad
– Oxelbeere, Schwedische Mehlbeere *Sorbus intermedia* resistent gegen Feuerbrand	Strauch Baum bis 18 m	sonnig bis halbschattig, eher feucht, neutral bis basisch	Mai / Juni weiß	September orange bis scharlachrot mehlig-süßlich
Mispel, Echte *Mespilus germanica* *	Strauch Baum 3–6 m	sonnig, kalkhaltig, eher feucht	Mai / Juni weiß oder rosa	Oktober / November braun süßlich-fad
Sanddorn *Hippophaë rhamnoides* zweihäusig macht viele Wurzel- ausläufer	Strauch bis 5 m	sonnig, mäßig trocken bis wechselfeucht, nährstoffreich bis mager	März / April bräunlich	Spätherbst gelb / orange säuerlich
Scheinquitte **Feuerbusch** *Chaenomeles japonica* *	Strauch 1–5 m	sonnig bis halbschattig	April orange bis rot	September–Oktober goldgelb aromatisch-herb
Schlehe **Schwarzdorn** *Prunus spinosa* langsam wachsend, macht viele Wurzelausläufer	Strauch Baum 3–10 m	sonnig bis halbschattig, mäßig trocken, eher basisch	März / April vor Blattaustrieb weiß	Oktober schwarz-blau herb-säuerlich

Inhaltsstoffe	Küche	wertvoll für	Pflege	Sorten für durchschnittliche Boden- und Klimaansprüche
Vitamin C	*Frucht:* roh, Saft (roh und gekocht), Gelee, Sorbet, Kompott	Insekten, (Wild-)Bienen, Vögel	A	Mirena, Pamina
Vitamine C und B, Carotin, Flavonoide	*Frucht:* frisch, Saft (roh und gekocht), Gelee, Konfitüre, Sorbet, Mus	Insekten, (Wild-)Bienen, Vögel	A	Blue Velvet, Kamtschatka, Amur, Mailon, Maistar, Altaj
Mineralstoffe, Fruchtzucker	*Frucht:* Mus, Konfitüre, Mehlersatz (getrocknete Beeren)	Insekten, (Wild-)Bienen, Vögel	A	
Mineralstoffe, Fruchtzucker	*Frucht:* Mus, Konfitüre, Mehlersatz (getrocknete Beeren)	Insekten, (Wild-)Bienen, Vögel	A	
Ascorbinsäure, Fruchtzucker, Gerbstoffe, Pektin, Kalium, Kalzium	*Frucht:* roh, Gelee, Konfitüre, Mus, Chutney	Insekten, Wild-)Bienen, Vögel		Nottingham, Königliche, Holländische Samenlose, Westerfelder
Vitamine (vor allem C), ätherische Öle	*Frucht:* Saft (gekocht), Gelee, Mark, Sorbet, Konfitüre, süßsaure Sauce, dörren	Insekten, (Wild-)Bienen, Vögel	A S	Leikora, Hergo, Frugana
viel Vitamin C, Pektin, Gerbstoffe, Mineralstoffe	*Frucht:* Saft (gekocht), Gelee, Konfitüre, Mus, Chutney, Likör, Backwaren, dörren (allgemein wie Quitten verwendbar)	Insekten, (Wild-)Bienen, Vögel		Cido, Fusion, Nicoline, Crimson
Vitamine (vor allem C), Mineralstoffe, Flavonoide, organische Säuren, Gerbstoffe, Pektin	*Blüte:* Tee, Dessert *Frucht:* Saft (gekocht), Gelee, Konfitüre, Kompott, Sorbet, Chutney, Likör, Olivenersatz (Früchte in Salzlake einlegen)	Insekten (Segelfalter), Vögel, Säugetiere	A S Z F	Merzig, Nittel, Reto (wenig Dornen, mildes Aroma)

deutscher Name botanischer Name Merkmale	Höhe	bevorzugter Standort	*Blüten* Blühzeit Blütenfarbe	*Früchte* Erntezeit Farbe Aroma
Speierling *Sorbus domestica* (gefährdete Art) *	Baum bis 30 m	sonnig bis halbschattig, mäßig trocken, leicht kalkhaltig	Mai rahmweiß	September / Oktober gelbrot bis braun herb-säuerlich
Stachelbeere *Ribes grossularia*	Strauch 1–1,5 m	sonnig bis halbschattig, kalkhaltig, nährstoffreich	April / Mai grünlich bis rötlich	Juli / August gelb, grün, purpurrot süß-säuerlich
Weißdorn *Crataegus monogyna* *Crataegus oxyacantha* langsam wachsend *	Strauch Baum 5–8 m	sonnig, nährstoffarm	Mai / Juni oxyacantha: weiß, selten rosa monogyna: auch rot	ab September rot säuerlich-süß
Wildapfel **Holzapfel** *Malus silvestris* *	Strauch Baum 3–10 m	sonnig bis halbschattig, tiefgründig, leicht basisch	April / Mai weiß bis blassrosa	ab September gelb-grün herb-sauer
Wildkirsche *Prunus-Gattungen* – Vogelkirsche *Prunus avium*	Strauch Baum 20 m	halbschattig, neutral bis leicht sauer, nährstoffreich	April / Mai weiß	Sommer schwarz-rot bittersüß
– Sauerkirsche *Prunus cerasus*		sonnig, eher basisch	April / Mai weiß	Juni / Juli rot
– Felsenkirsche Steinweichsel *Prunus mahaleb*	Strauch Baum 3–10 m	sonnig, trocken, basisch, kalkhaltig	Mai weiß	September rot / schwarz säuerlich mandelartiger Kern
Wildpflaumen **Wildzwetschgen** *Prunus domestica*		neutral bis halbschattig, eher feucht, basisch	April weiß	

Inhaltsstoffe	Küche	wertvoll für	Pflege	Sorten für durchschnittliche Boden- und Klimaansprüche
Gerbstoffe	*Frucht:* roh (teigig), Konfitüre, Mus, Schnaps	Insekten, (Wild-)Bienen, Vögel		
Vitamine (vor allem C), Fruchtzucker, Mineralstoffe	*Frucht:* roh, Saft (roh), Gelee, Konfitüre	Insekten, Vögel	A S Z	Hinomaki (gelb und rot), Captivator (rot, fast dornenlos)
Vitamine (viel C), Mineralstoffe, Pektin, Gerbstoffe	*Frucht:* Saft (gekocht), Gelee, Mus, Kompott *Blüte:* Dessert-Garnitur, Salat *Blatt:* Salat	Insekten, (Wild-)Bienen, Schmetterlinge, Vögel	A Z F	
Vitamine, Gerbstoffe	*Frucht:* Konfitüre, Mus, Kompott	(Wild-)Bienen, Insekten, Vögel		
Vitamine, Mineralstoffe, Flavonoide	*Frucht:* Kompott, Konfitüre, Spezialitätenbrand	Insekten, (Wild-)Bienen, Schmetterlinge, Vögel		
Vitamine, Mineralstoffe, Flavonoide	*Frucht:* Kompott, Konfitüre	Insekten, (Wild-)Bienen, Schmetterlinge, Vögel		
Vitamine, Mineralstoffe, Flavonoide	*Frucht:* Würze für Süßspeisen *Kern:* gemahlen als Gewürz für Gebäck und Getränke	Insekten, (Wild-)Bienen, Vögel	A S	
Vitamine, Gerbstoffe, Flavonoide	*Frucht:* roh, Konfitüre, Chutney, Kompott	Insekten, (Wild-)Bienen, Schmetterlinge, Vögel		

deutscher Name botanischer Name Merkmale	Höhe	bevorzugter Standort	*Blüten* Blühzeit Blütenfarbe	*Früchte* Erntezeit Farbe Aroma
– Damassine *Prunus syriaca Borkh.*		neutral bis basisch, eher feucht	April weiß	blau-schwarz süß
– Zibarte *Prunus domestica* *ssp. prisca*	Strauch Baum 3–7 m	neutral bis basisch, eher feucht	April weiß	November rotblau, selten gelb süß
– Kirschpflaume *Prunus cerasifera*	Strauch Baum 5–8 m	sonnig, eher basisch	März weiß / rosa	Juni / Juli gelb bis kirschrot sauer, fad
Wildrosen – Hundsrose *Rosa canina* schnell wachsend	Strauch 3 m	sonnig, trocken, schwach sauer, mager	Mai weiß bis rosa	ab August rot schlank, ei- bis flaschenförmig
– Hechtrose Bereife Rose *Rosa glauca* *(Syn. Rosa rubrifolia)*	Strauch 2,5 m	sonnig, trocken, basisch, nährstoffarm	Juni dunkelrosa / weiß	ab August rotbraun kugelig
– Alpenhagrose Hängerose *Rosa pendulina* überhängender Wuchs fast stachellos	Strauch 1,5 m	sonnig bis schattig, trocken, basisch, nährstoffarm	Juni rosa bis pink	September schlank, ei- bis flaschenförmig
– Bibernellrose *Rosa pimpinellifolia* *(Syn. Rosa spinosissima)*	Strauch 1,8 m	sonnig, eher basisch, steinig, kalkhaltig, nährstoffarm	Mai weiß	September schwarz kugelig
– Weinrose Schottische Zaunrose *Rosa rubiginosa*	Strauch 2,5 m	sonnig, trocken, kalkreich	Mai rosa	September orangerot birnenförmig

* Anmerkung: Kernobst und verwandte Arten (Apfel, Zierapfel, Birne, Quitte und Ziergehölze wie Scheinquitte, Mispel sowie Wildgehölze wie Crataegus, Sorbus und Amelanchier) können von Feuerbrand befallen werden. In einigen Kantonen gibt es für gewisse Arten ein Vermehrungs- und Verkaufsverbot.

Inhaltsstoffe	Küche	wertvoll für	Pflege	Sorten für durchschnittliche Boden- und Klimaansprüche
Vitamine, Gerbstoffe, Flavonoide	*Frucht:* roh, Konfitüre, Chutney, Kompott, Spezialitätenbrand	Insekten, (Wild-)Bienen, Schmetterlinge, Vögel		
Vitamine, Gerbstoffe, Flavonoide	*Frucht:* roh, Konfitüre, Chutney, Kompott	Insekten, (Wild-)Bienen, Schmetterlinge, Vögel		
Vitamine, Mineralstoffe, Flavonoide	*Frucht:* roh, Konfitüre, Chutney, Kompott	Insekten, (Wild-)Bienen, Schmetterlinge, Vögel		
Vitamine (vor allem C) Mineralstoffe	*Frucht:* Mark, Konfitüre *Blüte:* Bowle, Salat *Kern / Frucht:* Tee	Insekten, (Wild-)Bienen, Vögel, Säugetiere	A F	
Vitamine (vor allem C) Mineralstoffe	*Frucht:* Mark, Konfitüre *Blüte:* Bowle, Salat *Kern / Frucht:* Tee	Insekten, (Wild-)Bienen, Vögel, Säugetiere	A S F	
Vitamine (vor allem C) Mineralstoffe	*Frucht:* Mark, Konfitüre *Blüte:* Bowle, Salat *Kern / Frucht:* Tee	Insekten, (Wild-)Bienen, Vögel, Säugetiere	A F	
Vitamine (vor allem C) Mineralstoffe	*Frucht:* Mark, Konfitüre *Blüte:* Bowle, Salat *Kern / Frucht:* Tee	Insekten, (Wild-)Bienen, Vögel, Säugetiere	A F	
Vitamine (vor allem C) Mineralstoffe	*Frucht:* Mark, Konfitüre *Blüte:* Bowle, Salat *Kern / Frucht:* Tee	Insekten, (Wild-)Bienen, Vögel, Säugetiere	A F	

A = Auslichten / Zurückschneiden
F = Flechten / Knicken
S = Auf Stock setzen
Z = in Form schneiden

Apfelbeere

Aronia melanocarpa
Aronia arbutifolia

Das Pioniergehölz kam aus dem Osten von Nordamerika zu uns, deshalb wird die Frucht auch «Indianerbeere» genannt. Es gibt Sorten mit roten (Aronia arbutifolia) und Sorten mit schwarzen Früchten (Aronia melanocarpa). Die Apfelbeeren kreuzen sich untereinander und beispielsweise auch mit der Eberesche (Sorbus ancuparia). Deshalb gibt es Hybriden wie Aronia × prunifolia. In unseren Breitengraden wird die Apfelbeere meist als Ziergehölz gepflanzt. Die Früchtchen sind vielseitig verwendbar. Dank der wertvollen Inhaltsstoffe schätzt man sie in Osteuropa und Russland als wirksames Gesundheits- und Heilmittel, das auch bei Strahlenschädigungen eingesetzt wird.

Auf der Suche nach kälteresistenten Nutzpflanzen stieß der russische Botaniker und Obstbaupionier Iwan Mitschurin um 1910 auf die Aronia-Pflanze und machte Kreuzungsversuche mit anderen Wildobstsorten. In den osteuropäischen Staaten wird die Apfelbeere seit Mitte der Dreißigerjahre im größeren Stil angebaut. Das bei uns meist als Strauch oder veredelter Kleinbaum gezogene Gehölz erreicht eine Höhe von 1–2 ½ m. Im Mai / Juni leuchten die in Doldentrauben angeordneten, reich fruchtenden Blüten wie ein weißes oder blassrosa farbenes Hochzeitskleid. Im Herbst verfärbt sich das dunkelgrün glänzende Laub in ein leuchtendes Rot.

Da die Apfelbeere eine Selbstbefruchterin ist, genügt für die Fruchtbildung eine Pflanze. Die erbsengroßen Früchte können ab Ende August / Anfang September geerntet werden. Im reifen Zustand fallen die Früchtchen schnell vom Baum. Roh schmeckt die Apfelbeere herb-zusammenziehend, fast wie grüne Heidelbeeren. Den Vögeln schmecken sie trotzdem. Wer die gesunden Früchtchen selber essen will, tut gut daran, sie mit einem Netz zu schützen.

Die Apfelbeere wurde vor allem in der ehemaligen UdSSR zur Herstellung von Vitaminpräparaten und Medikamenten verwendet. An der Universität Potsdam gibt es seit 2006 ein wissenschaftliches Projekt, das die Inhaltsstoffe untersucht. Die Frucht enthält eine geballte Ladung an gesundheitsfördernden Inhaltsstoffen wie Zucker, Säure, Pektin, Gerbstoffen, Vitaminen, Folsäure, Anthocyanen und Flavonoiden, die entzündungshemmend, antiviral und antioxidativ wirken. Die Apfelbeere wird zur Stärkung des Immunsystems, bei Beschwerden im Verdauungsapparat und bei Kreislauferkrankungen empfohlen. Auch wird sie zur Linderung von Nebenwirkungen bei einer Chemotherapie eingesetzt.

Küche Bei schonender Zubereitung erinnert der aus der Apfelbeere gewonnene Saft an einen Rotwein mit herb-fruchtiger, leicht nach Bittermandeln schmeckender Note. Gekühlt wird der Saft als Durstlöscher oder alkoholfreier Aperitif genossen. Gelee und Mus sind eine exklusive Beilage zu (Fleisch-)Gerichten und Desserts. Wegen der intensiven dunkelroten Farbe wird der Saft auch zum Färben von Lebensmitteln (Gummibärchen!) verwendet. Getrocknet oder kandiert sind die «Apfelfrüchtchen» eine Alternative zu allerlei Schleckzeug.
Locker ausgebreitete Apfelbeeren können bei Zimmertemperatur bis 2 Wochen gelagert werden. Tiefgekühlte Früchte ergeben mehr Fruchtsaft.

Sorten für die Naschhecke
Rote Beeren: Brillant
Schwarze Beeren: Nero, Hugin, Viking

Apfelbeere

Blüte der Apfelbeere

Berberitze Gewöhnlicher Sauerdorn

Berberis vulgaris

Der Gewöhnliche Sauerdorn ist die einzige in Europa heimische Berberis-Art. Bis Mitte des 20. Jahrhunderts war sie in Süd- und Mitteleuropa weit verbreitet. Da sie als Zwischenwirt des Getreiderosts gilt, ist die Wildform fast ausgerottet worden. Durch Kreuzung mit anderen Berberitzengewächsen entstanden Formen, welche als Kleingehölz (bis 3 m) für Gärten und Wildobsthecken geeignet sind. Die Berberitze ist pflegeleicht, anspruchslos und resistent gegen Trockenheit. Die gelben, halbkugeligen Blüten erscheinen im Mai / Juni. Sie sind in Trauben angeordnet und duften sehr intensiv. Bei der Wildform ist der Fruchtbehang korallenrot, bei Züchtungen reicht die Färbung von orange bis purpurrot. «Berberis» stammt möglicherweise aus dem Arabischen. Die deutsche Bezeichnung «Sauerdorn» ist auf den sauren Geschmack der Beeren und die meistens dreiteiligen, aus den Blattachseln wachsenden Dornen zurückzuführen. Rinde und Wurzel wurden früher zum Gelbfärben von Textilien, Leder und Holz verwendet. Das harte Holz wird für Einlege- und Drechselarbeiten geschätzt.
Die Berberitze ist Heil- und Giftpflanze. Außer den kleinen essbaren walzenförmigen Beeren sind alle Pflanzenteile giftig. Die Früchte haben ein herb-zusammenziehendes Aroma. Sie enthalten reichlich Vitamin C, Säure und Flavonoide (Pflanzenfarbstoffe). Der Saft ist verdauungsfördernd, appetitanregend und immunstärkend. Alle anderen Pflanzenteile enthalten giftige Alkaloide, die eine wachstumshemmende Wirkung auf Bakterien, Pilze usw. haben und in der Phytotherapie u. a. als natürliches Antibiotika eingesetzt werden.

Küche Die Früchte enthalten viel Fruchtsäure. Sie wird nach dem ersten Frost milder, so dass die Berberitzen dann auch frisch gegessen werden können (Vorsicht: Nicht jedermann verträgt rohe Berberitzen!). In der nahöstlichen und indischen Küche wird mit getrockneten, leicht gerösteten Früchten Reis, Fisch und Braten gewürzt. Getrocknet und kandiert werden sie oft als Zwischenverpflegung genossen. Für die Weiterverarbeitung werden die frischen oder gefrorenen Beeren entsaftet. Der leuchtend rote Saft wird zu Gelee und Limonade verarbeitet, kann aber auch zum Färben von Essig oder Essigersatz verwendet werden.

Sorten für die Naschhecke Red Tears

Brombeere

Rubus fruticosus

Wie Ausgrabungen belegen, haben Brombeeren bereits zur Jungsteinzeit (etwa 5000 Jahre v. Chr.) den Speisezettel der Menschen bereichert. Hippokrates, einer der berühmtesten Ärzte der Antike, setzte die Beeren und Blätter als Medizin ein. Der Name leitet sich vom altdeutschen Wort «bramo-beri» ab. Die lateinische Bezeichnung bedeutet «roter Strauch». Verständlich, dass die dornenbewehrte Pflanze mit allerlei Hokuspokus in Verbindung gebracht wurde. So hat man etwa Kranken empfohlen, unter einem Brom-

beerbogen durchzukriechen, damit ihre Beschwerden von den Dornen zurückgehalten und auf den Strauch übertragen werden.

Da sich Brombeeren leicht untereinander kreuzen, dürfte es allein in Europa unzählige, nur schwer zu unterscheidende Arten geben. Wild- und Gartenformen gedeihen am besten an windgeschützten sonnigen bis halbschattigen Standorten in einem mittelschweren, durchlässigen Boden. Weil der Brombeerstrauch in der Natur überall vorkommt, ist er erst im 19. Jahrhundert im Hausgarten angesiedelt worden. Mittlerweile gibt es zahlreiche rankende und aufrecht wachsende Züchtungen, mit und ohne Dornen, die jedoch nicht alle so aromatisch sind wie die Wildbeeren oder die «Theodor Reimers», eine der ersten Züchtungen.

Die weißen bis rosafarbenen Blüten erscheinen im Juni oder Juli an den zweijährigen Ruten. Sie gelten als großzügige Nektar- und Pollenlieferanten, die von den Bienen und den Hummeln eifrig besucht werden. Eine ideale Kinderstube für den Nachwuchs finden bei der Brombeere auch um die 14 Kleinschmetterlingsarten.

Die schwarz glänzenden Beeren, die aus zahlreichen kleinen saftigen Steinfrüchtchen bestehen, können ab Juli geerntet werden. Sie sind reich an Kalzium, Kalium, Magnesium, Kupfer, Phosphor, Beta-Carotin und Vitamin C. Der blaue Farbstoff enthält wertvolle sekundäre Pflanzenstoffe, die Bindegewebe, Gefäßwände und Immunsystem stärken. Überdies wirken die Brombeeren blutzuckersenkend, krampflösend, leicht abführend und harntreibend. Der Brombeersaft hat eine wohltuende Wirkung bei Fieber, Halsschmerzen und Heiserkeit.

Frische wie getrocknete Blätter ergeben einen ausgezeichneten Heil- und Genusstee mit zartem Rosenduft. Mit ihren Gerbstoffen wirken die Blätter blutreinigend, leicht stopfend und zusammenziehend. Der Aufguss hilft bei Augenentzündungen (Kompresse) und bei Mund- und Rachenschleimhaut-Entzündungen (Gurgelwasser). Das Kauen von frischen Blättern soll das Zahnfleisch kräftigen.

Küche Die Beeren schmecken frisch und als Dessert zubereitet am besten. Sie können auch tiefgekühlt oder direkt zu Saft, Sirup und Konfitüre verarbeitet werden. Das säuerliche Gelee und die in Essig eingelegten Früchte passen gut zu Wild und Geflügel.

Sorten für die Naschhecke Theodor Reimers (bis 4 m hoch, mit Dornen), Loch Tay, Loch Ness, Arkansas (dornenlos), Navaho S (dornenlos, aufrecht wachsend)

Eberesche Vogelbeere

Sorbus aucuparia

Bereits im August leuchten die roten Apfelfrüchtchen als untrügerische Vorboten des Herbstes: Für Vögel und Säugetiere ein gefundenes Fressen! Drosseln und Rotkehlchen lieben die ganzen Beeren, Finken und Eichhörnchen die Fruchtsamen. Und wenn etwas übrig bleibt, tun sich auch seltene Wintergäste daran gütlich, etwa der prächtige Seidenschwanz.

Für die Kelten war die Eberesche ein heiliger Baum, den sie «Eubros» nannten. Weil die gefiederten Blätter eine gewisse Ähnlichkeit mit denen der Esche haben, wurde sie im Altdeutschen auch als «Aber-Esche» (falsche Esche) bezeichnet, obwohl sie mit dieser nicht verwandt ist. Aus ihrem Holz fertigte man früher Geräte und Musikinstrumente. Heute ist die Eberesche als Furnierholz wieder sehr begehrt.

Der zur Sorbus-Gattung und somit zum Kernobst gehörende Strauch ist sehr anspruchslos und robust. Wie beinahe alle Gehölze aus der Familie der Rosengewächse kann die Eberesche vom Feuerbrand befallen werden. Der Baum wird 5 bis 15 m hoch, als Solitär (alleinstehend) sogar bis 25 m. Da die Eberesche ein ausgedehntes Senkerwurzelsystem entwickelt und sich auch über Stockausschläge und Wurzelbrut vermehrt, wird sie oft zur Bodenbefestigung und als Lawinenschutz gepflanzt.

Die reich blühenden woll-weißen Doldenrispen erscheinen im Mai / Juni nach dem Blattaustrieb. Mit ihrem starken Duft locken sie viele Insekten an. Die Beeren reifen ab August. Sie enthalten verschiedene Vitamine, vor allem aber Vitamin C, Gerbstoffe, Zucker, Pektin und organische Säuren. Blätter und Blüten sind in Teemischungen gegen Husten, Bronchitis, Verdauungsbeschwerden, Rheuma und Gicht enthalten. Die Beeren haben eine leicht abführende Wirkung. Redner und Sänger kauen die getrockneten Beeren, um ihre Stimmbänder geschmeidig zu halten.

Achtung Der Genuss von rohen Beeren kann zu Magen-Darm-Reizungen führen. Durch Kälte, Kochen oder Trocknen werden die Beeren jedoch gut verträglich.

Küche Für Saft und Gelee erntet man die noch festen Beeren. Das leicht säuerliche Vogelbeergelee passt gut zu Wildgerichten. Für

Kompott und Konfitüre wartet man mit dem Pflücken bis nach dem ersten Frost oder man verwendet tiefgekühlte Früchte, da Kälte die Beeren milder im Geschmack macht. Zusammen mit Äpfeln, Birnen oder Preiselbeeren ergeben sie eine aromatische Mischung. Die Beeren der Kulturformen sind süßer und können wie Weinbeeren getrocknet oder frisch in Schnaps eingelegt werden.

Tipp Die Wildbeeren zum Entbittern in kochendem Wasser 1 Minute blanchieren oder 24 Stunden in Essigwasser (3 EL Essig auf 1 l Wasser) einlegen.

«Süße» Ebereschen für die Naschhecke

Bei diesen Formen handelt sich um Hybriden (Kreuzungen mit Hartriegel, Weißdorn, Birne, Aronia oder Mispel). In der Regel sind

sie anspruchslos und frosthart, brauchen aber viel Licht. Meist sind die Beeren größer als die der Wildformen und ihr Gehalt an Vitamin A und Vitamin C ist bedeutend höher. Zudem enthalten sie wenig Bitterstoffe. Viele dieser meist sehr ertragreichen Sorten wurden in Osteuropa entdeckt und selektiert.

Moravica, Mährische Eberesche (Sorbus aucuparia edulis), um 1810 in Mähren (im Osten von Tschechien) entdeckte Zufallsmutation, wird 5 bis 8 m hoch. Resistent gegen Trockenheit. Ihr Aroma liegt zwischen Quitte und Johannisbeere.

Konzentra Zufallssämling von Moravica, um 1950 selektiert, stark wachsend. Kleine rötlich-orange Früchte, feste Schale, eher säuerlich, sehr hoher Vitamin-C-Gehalt.

Rosina Zufallssämling von Moravica, um 1950 selektiert, mittelstark wachsend. Große orange Früchte, ausgeglichenes Verhältnis von sauer und süß.

Neschinskaja (Rossica Major), um 1900 entstanden, 8 bis 12 m hoch. Sehr große dunkelrote Früchte, säuerlich.

Burka Eberesche × Apfelbeere. Zuerst gelbrote, in voller Reife saftreiche dunkelviolette Früchte, süßsaures Aroma, herber Nachgeschmack.

Granatina Eberesche × Weißdorn, dunkle Beeren.

Granatinaja Eberesche × Weißdorn, um 1925 entstanden, 3 bis 4 m hoch. Saftreiche Früchte.

Desertnaja Eberesche × Apfelbeere × Mispel, langsam wachsend, 2 bis 3 m hoch. Mittelgroße dunkelrote süße Früchte; Ertrag bereits am 2- bis 3-jährigen Holz (benötigt Befruchter).

Likernaja Eberesche × Apfelbeere. Süße schwarze Früchte.

Tartarsbirne Eberesche × Birne. Kleine gelbe birnenähnliche Früchte, exotisches Aroma.

Elsbeere

Sorbus torminalis

Das zu den Sorbus-Arten zählende Gehölz gilt als potenziell gefährdete Wildobstart, zudem ist es feuerbrandgefährdet. Es liebt nährstoffreichen Boden und bevorzugt milde Lagen bis auf 700 m ü. M. Ein freistehender Elsbeerbaum kann 25 m hoch werden. Weil er sich auch durch Wurzelbrut vermehrt und mit seinem tiefreichenden Wurzelsystem sogar Ton durchdringen kann, ist er ideal zum Bepflanzen instabiler Böden.

Das Holz der Elsbeere wird zusammen mit anderen Sorbus-Gehölzen als «Schweizer Birnbaum» bezeichnet. Es gilt als eines der härtesten europäischen Hölzer. Die Elsbeere wächst sehr langsam. Früchte trägt sie erst spät und nur unregelmäßig.

Im Mai / Juni trägt die Elsbeere aufrechte weißblühende Doldenrispen. Die orangeroten Früchte in der Größe eines Daumennagels sind im reifen Zustand bräunlich und weich und können direkt ab Baum gegessen werden. Die Früchte schmecken leicht säuerlich und haben ein marzipanähnliches Aroma. Dank des hohen Gerbstoffgehalts wirken sie desinfizierend und stopfend und wurden aufgrund dieser Eigenschaften früher bei Ruhrkrankheit verabreicht. Das hat ihnen den Namen «Ruhrbeere» eingetragen. Mit ihrem angenehmen Aroma waren sie auch ein den Geschmack abrundender, konservierender Zusatz von Obstweinen. Ein Geheimtipp ist der Spezialitätenbrand aus Elsbeeren.

Küche Teigige Früchte können wie jene der anderen Sorbus-Arten zu Mus, Konfitüre oder aromatischem Gelee verarbeitet werden.

Echte Felsenbirne

Amelanchier ovalis

Getrocknet respektive gedörrt schmecken die kleinen Früchte der Felsenbirne fast wie Rosinen, deshalb auch der Name «Rosinenbaum». «Amelanche» (Äpfelchen) wurde dieses vor allem in der Provence wild vorkommende 1,5 bis 3 m hohe Gehölz von den Galliern genannt. Als Pionierstrauch besiedelt die Felsenbirne steinige Hänge bis auf 2000 m ü. M. Sie trotzt schwierigen klimatischen Bedingungen und erträgt auch Umweltbelastungen wie Autoabgase. Deshalb wird sie an Straßenrändern oft als Begleitpflanzung verwendet. Im Herbst setzt sie mit den orangegelb bis kupferrot gefärbten Blättern Farbtupfer in die Landschaft.

Lange Zeit fristete die Felsenbirne wegen der Mehltau-Anfälligkeit ein stiefmütterliches Dasein. Unterdessen gibt es veredelte, ziemlich resistente Sorten, welche auf Unterlagen gepfropft werden. Gegen Feuerbrand ist sie jedoch nicht gefeit. Oft schon Ende April schmückt sich der Baum mit lockeren weißen Blütenbüscheln, die jenen des Birnbaums gleichen. Die aromatischen, an Heidelbeeren erinnernden Früchte sind im Juli oder August reif. Man tut gut daran, die purpurroten oder blauschwarzen, bereiften «Beeren» mit einem Netz vor den Vögeln zu schützen.

Die Früchte enthalten nebst reichlich Zucker auch Vitamine, Pektin und Flavonoide. Letztere tragen zur Festigung und Elastizität der Blutgefäße bei. Den Früchten wird eine desinfizierende Wirkung nachgesagt. Auch sollen sie sich günstig auswirken bei Schlafstörungen, Bluthochdruck und Herzproblemen. Die Samen enthalten eine geringe Menge an Blausäureglykosiden.

Küche Die Früchte können frisch gegessen werden, sie eignen sich auch für Desserts und zum Saftpressen. Als Kompott und Konfitüre entfalten sie ein leichtes Marzipanaroma. Wegen ihres hohen Pektingehalts benötigt man für Konfitüren kein Geliermittel.

Alternativen Die seit mehr als 100 Jahren in Mitteleuropa eingebürgerte und stellenweise sogar wild vorkommende Kupferfelsenbirne (Amelanchier lamarckii) hat sich im Obstbau als ideal erwiesen. Eine gute Alternative ist auch die Kahle Felsenbirne (Amelanchier laevis). Sie trägt weniger, dafür aber größere Früchte.

Sorten für die Naschhecke Ballerina, Saskatoon, Alaska, Prince William, Robin Hill, Leuk, Smoky

Heidelbeere

Vaccinium

Im Volksmund wird der Zwergstrauch auch «Schwarzbeere» genannt. Der helle Reif gibt den Beeren das typische Heidelbeerblau; er besteht aus mikroskopisch kleinen, in der dunklen Fruchtschale gebildeten und auf der Haut abgelagerten Wachsteilchen, die sich leicht abwischen lassen.

Die wild wachsende Heidelbeere (Vaccinium myrtillus) ist eine typische Moorpflanze und braucht sauren, nährstoffarmen Boden. In der Natur gedeiht das zierliche Heidekrautgewächs bis auf 2500 m ü. M. An sonnigen oder halbschattigen Lagen öffnen sich die Blüten im Mai oder Juni. Die ersten Beeren können ab Mitte Juli gepflückt werden. In höheren Lagen gibt es oft noch im September reife Heidelbeeren.

Kulturheidelbeeren (Vaccinium corymbosum) Die Kulturpflanzen sind aus einer gezielten Auslese und Weiterzüchtung der in Nordamerika heimischen «Blueberries» entstanden. Die Pflanzen sind in verschiedenen Wuchshöhen erhältlich und die Beeren haben unterschiedliche Reifezeiten. Wie ihre «wilden» Schwestern brauchen sie sauren Boden und einen nicht allzu schattigen Standort.

Die Heidelbeeren sind zwar selbstbefruchtend; um aber den Ertrag zu steigern, empfiehlt es sich, mindestens zwei Sträucher zu pflanzen. Wildbienen und Hummeln tun sich an den weißlichen bis zart rosafarbenen Doldenblüten gütlich und tragen zur Befruchtung bei. Etwa acht Wochen dauert es nach der Blüte, bis die Beeren erntereif sind. Während europäische Wildfrüchte blaues Fruchtfleisch haben, ist jenes der Kulturheidelbeeren weißlich. Frische und getrocknete Heidelbeeren waren schon immer nicht nur eine kulinarische Delikatesse, sondern auch ein natürliches Antibiotikum und ein Mittel gegen Durchfall. Sie werden zudem zur Stärkung der Sehkraft empfohlen. Tee aus den Blättern hat eine antiseptische Wirkung auf die Harnwege und senkt den Blutzuckerspiegel.

Küche Die säuerlich-süßen Früchte sind frisch vom Strauch oder als Dessert mit wenig Rahm / Sahne einfach himmlisch. Sehr beliebt sind auch der aromatische Fruchtsaft, die Konfitüre und der von der Beerenhaut dunkel gefärbte Likör. Heidelbeeren eignen sich auch gut für fruchtige Torten, Muffins usw.

Sorten für die Naschhecke Bluecrop, Duke, Elizabeth

Preiselbeere, Moosbeere, Bärentraube, Cranberry

Zur Familie der einheimischen Vaccinium-Gewächse gehören auch die Preiselbeere (V. vitis-ideae), die Immergrüne Bärentraube (Arctostaphylos uva-ursi) und die Kleine Moosbeere (V. oxycoccos). Die wild wachsenden Zwergsträucher sind jedoch regional gefährdet und ihre Beeren sollten deshalb nicht gesammelt werden.
In spezialisierten Gärtnereien und Baumschulen findet man Züchtungen, die aus der Selektion von wilden Sträuchern hervorgegangen sind. Dazu gehört auch die Cranberry (Große Moosbeere) aus Nordamerika, die wie ihre europäischen Verwandten bei Magen-Darm- und Blasen-Harnweg-Leiden Linderung verspricht. Die niedrigen, bodendeckenden Straucharten eignen sich ausgezeichnet als Unterpflanzung von Heidelbeeren und anderen Moorbeetpflanzen. Ihre Früchte sind herb-säuerlich und leicht bitter.

Küche Die Beeren eignen sich für Konfitüre, Gelee und Likör. Der erste Frost macht sie milder, so dass sie dann auch roh gegessen werden können.

Himbeere

Rubus idaeus

Im Wald wächst der Halbstrauch als Pionier auf Windfall- oder Schlagholzflächen. Die Himbeere liebt nährstoffreichen, durchlässigen, leicht sauren Boden. Vor allem wenn die Erde immer leicht feucht bleibt, fühlt sich die schon vor 3000 Jahren im Mittelmeerraum als Arzneipflanze bekannte Staude auch in Hecken und im Garten wohl.

Gemäß einer Legende war die Himbeere ein Geschenk der Götter an die Kreter, die das mit feinen Dornen besetzte Rutengewächs zuerst am Fuße des Berges Ida kultivierten – daher der botanische Zusatzname «idaeus». Die deutsche Bezeichnung hat sich aus dem althochdeutschen Wort «hintberi», «Beere der Hirschkuh», entwickelt, denn nicht nur Blattwespen und Kleinschmetterlinge tun sich an den jungen Trieben der Himbeere gütlich, sondern auch die Tiere des Waldes.

Das angenehme, erfrischende Aroma macht die aus vielen Einzelfrüchtchen bestehenden Beeren zur Sommerfavoritin, zumal aus den europäischen Waldhimbeeren zahlreiche großfruchtige, ertragreiche Sorten gezüchtet worden sind. Man hat die Wahl: Einmal tragende Sorten, die meist von Ende Mai blühen und ab Ende Juni bis Mitte Juli Früchte tragen, oder herbstfruchtende Sorten, die an den im Sommer heranwachsenden Ruten Blüten und Früchte entwickeln. Übrigens sind bereits seit Beginn des 17. Jahrhunderts auch gelbe Früchte bekannt. In Nordamerika kennt man zudem schwarzfruchtige Himbeeren.

Tipp Wer die abgetragenen Herbstruten einkürzt, kann im nächsten Frühsommer an den unteren Seitentrieben nochmals ernten.

Der Teeaufguss aus jungen Himbeerblättern hat eine blutreinigende und entwässernde Wirkung. Bei Mundentzündungen und Durchfall wirkt er desinfizierend. Die Beere ist reich an Vitaminen, vor allem an Vitamin C, Mineralstoffen, Zucker, Fruchtsäuren und Pektin. Dem Fruchtsaft wird eine fiebersenkende Wirkung attestiert. Amerikanische Ureinwohner nutzten die Beeren und Blätter bei Magenbeschwerden und bei Gelenk- und Augenschmerzen.

Sorten für die Naschhecke

Sommerhimbeeren: Nootka, Meeker, Tulameen, Gelbe Antwerper.
Herbsthimbeeren (2-mal tragend): Atumn Bliss, Himbo Top, Polka, Gelbe Herbsthimbeeren

Himbeere

Gelbe Himbeere

Holunder

«Vor Frau Holle zieht der Wanderer seinen Hut», heißt es im Volksmund. In der Tat gibt es nur wenige Sträucher, die in der Küche und in der Hausapotheke einen so hohen Stellenwert haben wie der zur Familie der Geißblattgewächse gehörende Holunder. Um ihn ranken sich auch unzählige Legenden. So soll er Wohnsitz der germanischen Göttin Holla gewesen sein, einer Beschützerin von Mensch und Tier. Der Strauch oder Baum wurde deshalb bevorzugt in der Nähe von menschlichen Behausungen gepflanzt.

Die botanische Bezeichnung «Sambucus» leitet sich vom griechischen Wort «sambukê» ab. So hieß in der Antike eine aus Holunderholz geschnitzte Flöte. Von den insgesamt dreißig Holunderarten sind in Mitteleuropa drei heimisch, und zwar der Schwarze Holunder, der Rote Holunder und der Attich. Die schnellwüchsige Pflanze gedeiht an sonnigen bis halbschattigen Lagen. Sie bevorzugt humosen, stickstoffreichen, eher feuchten Boden. Bei idealen Bedingungen ist ihre Lebenskraft oft so stark, dass sie die Nachbarsträucher verdrängt.

Schwarzer Holunder (Sambucus nigra)
Im Mai / Juni sind die in schirmförmigen Trugdolden erscheinenden goldbestäubten Blüten weit herum sichtbar und verströmen einen wunderbaren Duft. Aus den Blüten wird ein Tee aufgegossen, der bei Erkältungs- und Infektionserkrankungen oder bei Verdauungsbeschwerden hilft. Die Hauptwirkstoffe in der Blüte sind ätherische Öle mit einem hohen Anteil an freien Fettsäuren (Salicylsäure), die fiebersenkend, schweißtreibend, entzündungshemmend und entwässernd wirken.

Ab September hängen die schwarzvioletten Beeren schwer von den Ästen. Man nutzte sie schon in prähistorischen Zeiten als Nahrung und therapeutisches Universalmittel. Sie enthalten die Vitamine A, B und C, Flavonoide, Mineral- und Gerbstoffe. Holunderbeersirup stärkt das Immunsystem.

Blüten, Beeren und Blätter (frisch oder auch getrocknet) ergeben eine ausgezeichnete blutreinigende, harntreibende und leicht abführende Teemischung. Die in den Samen vorkommenden Blausäureglykoside, die beim Rohgenuss zu Beschwerden führen können, zerfallen beim Erhitzen.

Blüten-Küche Kindheitserinnerungen wecken bei vielen die in Teig getauchten und im Öl gebackenen Blütendolden. Sehr beliebt ist auch der Holunderblütensirup und der Holunderblütensekt mit seinem typischen Muskatelleraroma.

Tipp Die frisch geöffneten Blütendolden am Vormittag sammeln, weil die Blüten dann am meisten Aroma haben und der Blütenstaub sehr viel mineralstoffreiche Pollen enthält.

Beeren-Küche Der eigenwillig-fruchtige Geschmack der süßen Holundersuppe erwärmt Herz und Magen. Die Beeren eignen sich einzeln und in Kombination mit anderen Früchten für Konfitüren, Sirup und Gelee und zum Einmachen in Essig und Alkohol.

Sorten für die Naschhecke Haschberg, Korsör, Sampo, Samidan usw. (große schwarze Beeren, die alle gleichzeitig reif sind); Albida (weiße Beeren).
Black Beauty, Black Lance (beides rotlaubige Sorten mit rosa Blüten). Es gibt auch eine panaschierte und eine schlitzblättrige Sorte.

Roter Holunder, Traubenholunder (Sambucus racemosa)
Der Rote Holunder liebt nährstoffreichen, kalkarmen, eher lehmigen Boden. Der Strauch wird 1 bis 4 m hoch. Die gelblich-grünen Blüten öffnen sich im April / Mai – noch vor dem Schwarzen Holunder. Die im August reifenden scharlachroten Beeren eignen sich für Gelee.

Johannisbeere

Ribes rubrum

Die ursprüngliche Heimat der Johannisbeere liegt in der nördlichen Hemisphäre, von Nordamerika über Skandinavien und Sibirien bis zum Himalaja. Die Normannen sollen sie im frühen Mittelalter nach Frankreich gebracht haben. Bei uns ist die Johannisbeere seit dem 16. Jahrhundert heimisch. Die 1 bis 1,6 m hohe Staude liebt einen sonnigen bis halbschattigen Standort und humosen, leicht lehmigen Boden.

Durch Kreuzung und Züchtung sind unzählige früh-, mittel- und spättragende Sorten entstanden. Seit dem 17. / 18. Jahrhundert werden auch weiße und rosa Johannisbeeren kultiviert, die zumeist süßer und milder als die roten Verwandten sind.

Der Johannisbeerstrauch blüht von April bis Mai. Die Blüten sind frostempfindlich. Die Ernte beginnt um den Johannistag (24. Juni). Reife Beeren müssen nicht gleich gepflückt werden; die feste Haut schützt sie über längere Zeit vor dem Austrocknen.

Die Johannisbeeren haben einen hohen Gehalt an Fruchtsäure. Bemerkenswert ist auch der Vitamingehalt, vor allem von Vitamin C, zudem sind sie reich an Pektin und Mineralstoffen wie Mangan, Kupfer, Zink, Kalium, Kalzium sowie an sekundären Pflanzenstoffen. Sie sind leicht verdaulich, blutreinigend, schweißtreibend, leberfreundlich und nervenberuhigend. Als «Gichtbeere» verspricht die Johannisbeere Linderung bei entzündlichen Erkrankungen. Es wird ihr auch eine vorbeugende Wirkung gegen Bluthochdruck und Krebs attestiert.

Küche Die erntefrischen Roten, Weißen und Schwarzen Johannisbeeren sind in der Dessertküche unverzichtbar. Das spritzige süß-säuerliche Aroma passt auch bestens zu Geflügel- und Wildgerichten sowie zu Weichkäse.

Weiße Johannisbeere

Rote Johannisbeere

Tipp Für Gelees und Konfitüren können die Beeren schon vor der Vollreife geerntet werden. Der Pektingehalt ist dann so hoch, dass es kein Geliermittel braucht.

Johannisbeere, Schwarze (Ribes nigrum)

Die Schwarze Beere wird auch Cassisbeere genannt. Sie ist reich an Vitamin C und enthält Mineralstoffe, Anthocyane, Flavonoide und Terpene, was sie zu einem Gesundheitselixier par excellence macht. Der erfrischende Saft stärkt das Immunsystem und ist angezeigt bei Stoffwechselkrankheiten wie Gicht, Rheuma, Adipositas und Diabetes. Bei Erkältung und Grippe wird der Sirup empfohlen. Wegen des intensiven Geruchs der Blätter wird die Schwarze Johannisbeere auch «Wanzenbeere» genannt. Früher legte man sie in Kleider- / Küchenschränke, um Ungeziefer und Motten fernzuhalten.

Sorten für die Naschhecke Es gibt unzählige Sorten; Beratung im Fachhandel.

Goldjohannisbeere (Ribes odoratum)
Blutjohannisbeere (Ribes sanguineum)

Wer auf schöne Blüten mehr Wert als auf die Früchte legt, kann die Naschhecke auch mit den etwas höher wachsenden amerikanischen Wildformen der Ribes-Gattung schmücken. Die 2 bis 3 m hohen anspruchslosen winterharten Formen der Goldjohannisbeere stammen aus Nordwestamerika. Die in Trauben hängenden goldgelben Blüten setzen schon Anfang April Farbtupfer in die Landschaft. Sie verströmen einen süßlichen, kleeähnlichen Duft.

Die Blutjohannisbeere ist wegen des dekorativen Aussehens bei uns als Ziergehölz recht bekannt. Im Mai ist sie mit pinkfarbenen Blütentrauben übersät, aus denen braune bis schwarze, etwa 8 mm große Beeren mit herb-säuerlichen Aroma wachsen, die sich für Saft / Gelee eignen. In der Staudenzucht wird die Blutjohannisbeere auch als Unterlage für Stachel- / Johannisbeeren verwendet.

Schwarze Johannisbeere

Jostabeere

Ribes nidigrolaria

Aus natürlichen und auch gezielten Kreuzungen sind in der Ribes-Gattung viele interessante Hybriden entstanden. Dazu zählt auch die Jostabeere des deutschen Botanikers Erwin Baur. Auf der Suche nach mehltauresistenten Pflanzen gelang ihm im Jahre 1922 diese Kreuzung. Er nannte sie «Jochelbeere». In den siebziger Jahren erhielt sie den Namen «Jostabeere». Die starkwüchsige Pflanze vereint die besten Eigenschaften der Schwarzen Johannisbeere und mehrerer Stachelbeersorten. Die Jostabeere erinnert in Form und Aroma an die Schwarze Johannisbeere. Die Farbe ist je nach Sorte wein- bis dunkelrot oder dunkelviolett bis schwarz. Geerntet werden die Früchte ab Juli.

Die Inhaltsstoffe und die Verwendung in der Küche entsprechen jenen der Schwarzen Johannisbeere.

Kornelkirsche Tierlibaum

Cornus mas

Oft schon im Februar, jedenfalls bevor die Vegetation erwacht, ist das zur Gattung der Hartriegel gehörende Wildgehölz mit Tausenden von kleinen goldgelben Blüten übersät. Den Bienen, die sich bereits bei den ersten wärmenden Sonnenstrahlen auf Futtersuche machen, weist ein zarter Honigduft den Weg.

Die Kornelkirsche dürfte eines der ältesten Wildgehölze sein. Es wurden fossile Reste der Gattung Cornus gefunden, welche aus der jüngeren Kreidezeit / Tertiär (65 Mio. Jahre) stammen. Sie gilt als das härteste Gehölz Europas. Es erstaunt deshalb nicht, dass viele Legenden davon berichten. So soll nicht nur der Bogen des Odysseus daraus gefertigt worden sein, sondern ebenfalls das Trojanische Pferd. «Hart wie Horn» sei dieses Holz, befanden die Römer, die im 1. Jh. unserer Zeitrechnung den Namen «cornus» verwendeten und ihn mit «mas» (männlich) «verstärkten».

Den Namen Kornelkirsche benutzt man aber erst seit Beginn des 18. Jahrhunderts. Im deutschen Sprachraum gibt es viele regionale Bezeichnungen wie Dirle oder Dirndl. Sie dürften sich aus dem im slawischen Sprachraum gebräuchlichen Wort «deren» ableiten. In der Schweiz wurde daraus der «Tierlibaum».

Die anspruchslose Wildform, welche mit dem Hartriegel verwandt ist, aber nichts mit der Kirsche (Cerasus) gemeinsam hat, liebt einen eher kalkhaltigen Boden. Mit ihrem starken Wurzelsystem festigt sie erosionsgefährdete Böden. Das schwachwüchsige, als Strauch oder Baum gezogene Gehölz wird rund 5 m hoch. Luftverschmutzung und ein regelmäßiger Rückschnitt schwächen das Gehölz nicht. Deshalb findet man es oft als Heckenbepflanzung an vielbefahrenen Straßen. Es ist immun gegen Feuerbrand. In den letzten Jahren ist jedoch eine Pilzerkrankung aufgetreten, die braune Flecken auf den Blättern verursacht.

Für die Fauna ist das «Urgehölz», welches mehrere hundert Jahre alt werden kann, von Bedeutung. Nebst Insekten lockt es Feldhasen und Rehe an, die sich an den zarten Blättern und Trieben gütlich tun. Vögel wie Kernbeißer, Dompfaff, Kleiber und Eichelhäher lieben die reifen Früchte. Selbst für Haselmaus, Siebenschläfer & Co. bleibt noch etwas übrig.

Die leuchtend roten, selten gelben, etwa 2 cm langen, meist paarig hängenden Steinfrüchte reifen im Spätsommer gestaffelt über längere Zeit. Das Fruchtfleisch ist reich an Vitaminen. Weitere Inhaltsstoffe sind Gerbstoffe, Pektine, organische Säuren, Farbstoffe und Fruchtzucker.

In der Volksmedizin werden alle Pflanzenteile verwendet. Die in den Früchten enthaltenen Gerbstoffe wirken zusammenziehend, kühlend und stopfend. Frische und getrocknete Beeren werden bei Magen-Darm-Problemen empfohlen. Der rote Fruchtsaft ist reich an Antioxidantien und unterstützt die Heilung entzündlicher Schleimhaut- und Blutgefäßerkrankungen wie Gastritis oder Krampfadern. Getrocknete Blüten und junge getrocknete Blätter sind Bestandteil eines schmackhaften Tees.

Aus dem Holz fertigten Drechsler und Wagner früher Werkzeuge, Radspeichen und Zahnräder für große Mahlwerke. Holz, Rinde und Blätter wurden zum Gerben und Färben verwendet. Aus den Kirschkernen entstanden preisgünstige Rosenkränze.

Küche Die reifen Früchte schmecken aromatisch süß-säuerlich, ähnlich einer Mischung aus roten Johannisbeeren, Kirschen und Himbeeren. Sie können roh gegessen, getrocknet oder kandiert werden. Sie lassen sich auch hervorragend zu Saft, Sirup, Kompott, (Misch-) Konfitüre, Sorbet und Chutney verarbeiten. Entsteinte Früchte geben Muffins und Kuchen eine fruchtige Note. Beliebt sind zudem Obstbrände und Obstlikör. Die Fruchtsteine werden in den slawischen Ländern geröstet und als nach Vanille duftender Kaffee-Ersatz verwendet (Wiener Kaffee).

Tipp Tuch auslegen und Strauch schütteln.

Sorten für die Naschhecke Wildform und großfruchtige Kultursorten wie Kasanlaker, Castello und Jolico (große Früchte mit später Reifezeit).

Tipp Für einen guten Fruchtansatz sollte man zwei Sorten zusammenpflanzen, wobei die wilde Art als Befruchter genutzt werden kann.

Gewöhnliche Mahonie

Mahonia aquifolium

Die zur Familie der Berberitzengewächse gehörende Mahonie ist im Westen der USA beheimatet. Als anspruchsloser immergrüner Strauch ist sie seit dem 19. Jh. häufig in den Gärten Europas anzutreffen. Weil der Strauch der Luftverschmutzung «trotzt», sieht man ihn oft an stark befahrenen Straßen. Das Kleingehölz wird etwa 1 m hoch und lässt sich gut in Form schneiden. Im Frühling sind die gelben, in aufrechten Trauben stehenden Kugelblüten äußerst dekorativ.

Die blau bereiften, heidelbeerähnlichen Früchte sind ab August / September reif und leicht zu ernten. Sie schmecken aromatisch-säuerlich und enthalten viel Vitamin C.

Küche Beeren nur an unbelasteten Orten pflücken. Sie können frisch gegessen werden (Kerne ausspucken, da sie das leicht giftige Berberin enthalten). Man kann sie auch wie die Berberitzen zu Kompott oder Konfitüre verarbeiten (mit Äpfeln, Birnen, Pfirsich usw. mischen). Der saure karminrote Saft eignet sich zur Herstellung von Sirup.

Maibeere

Lonicera kamtschatica

Der Name sagt es: Die fast wie Heidelbeeren schmeckenden Maibeeren können bereits im Wonnemonat Mai geerntet werden. Das zu den Geißblattgewächsen gehörende Strauchgehölz kennt man bei uns noch nicht sehr lange. Es kommt aus dem Osten, und zwar aus Regionen, wo die Nächte kalt, die Vegetationszeit kurz und die wenigen Sommertage dafür desto länger sind. Seine Ansprüche sind gering. Es gedeiht am besten im Halbschatten.

In mehrjährigen Versuchen haben innovative Züchter aus verschiedenen Lonicera-Wildformen geeignete Sorten für unser mitteleuropäisches Klima selektiert. Sie sind pflegeleicht und auch mehrheitlich resistent gegen Schädlinge. Anders als die Heidelbeeren sind die 1–1,5 m hohen Maibeersträucher mit normaler Gartenerde zufrieden. Sie schätzen es jedoch, wenn diese gut gemulcht wird und nicht austrocknet. Für eine bessere Befruchtung sollten mindestens zwei verschiedene Sorten gepflanzt werden.

Die gelbweißen Glöckchen blühen schon im März an den noch kahlen Zweigen. Sie ertragen Temperaturen bis –8 °C. Die 2 cm langen blauen Früchte sind reich an Vitamin C und B, Carotin und Flavonoiden. Sie sollten frühzeitig vor Vogelfraß geschützt werden, sonst gibt es nichts mehr zu naschen.

Küche Die Beeren sind für den Frischverzehr und für Desserts bestens geeignet. Maibeeren sind wie Heidelbeeren zu verwenden.

Sorten für die Naschhecke Blue Velvet; Kamtschatka-Heidelbeere, Maistar, Mailon, Maitop, Maistar(S), Amur(S), Altaj

Mehlbeeren

Sorbus-Gattung

Man kennt etwa 100 Mehlbeerarten, die alle in den eher kühlen Klimazonen der nördlichen Hemisphäre heimisch sind. Da sie sich leicht kreuzen, gibt es eine Unmenge von Bastarden. Mehlbeeren sind in der Regel Pionierpflanzen. Sie bevorzugen einen sonnigen Standort, gedeihen jedoch auch im Halbschatten. Die Blüten stehen in flachen Schirmdolden.

Die dekorativen, meist auffällig orangerot gefärbten Früchte können ab September geerntet werden. Sie enthalten viel Gerbsäure. Früher hatte man sie mit Äpfeln und anderen Früchten gemischt, um den Obstsaft haltbar zu machen. Die überreifen Beeren können roh gegessen werden, gekocht schmecken sie aber besser.

Zur Gattung der Mehlbeeren gehören nebst der Eberesche / Vogelbeere die Echte Mehlbeere, die Oxelbeere und die zu den gefährdeten Wildobstarten zählenden Arten Elsbeere und Speierling.

Echte Mehlbeere (Sorbus aria)
Der sommergrüne Strauch / Baum wächst an sonnigen, trockenen Stellen und bevorzugt eher kalkreichen Boden. Da er ein Staubfänger ist, trifft man ihn häufig als Straßenrandbepflanzung an. Die 2 cm großen weißen Blüten sind in flachen Schirmrispen angeordnet.

Die orange bis scharlachroten Apfelfrüchtchen haben einen faden, mehligen Geschmack. Sie eignen sich für Konfitüren und Mus. Früher wurde die Beere getrocknet, gemahlen und als Mehlersatz verwendet.

Oxelbeere, Schwedische Mehlbeere (Sorbus intermedia)
Wie der deutsche Name zum Ausdruck bringt, ist der robuste Strauch / Baum hauptsächlich in den nördlichen Breitengraden zwischen Norddeutschland, Südschweden und dem Baltikum heimisch. Doch auch bei uns gehört die Oxelbeere zu den beliebten Wildobst- und Gartengehölzen, ist sie doch als einzige Sorbus-Art resistent gegen Feuerbrand. Das robuste Gehölz liebt einen eher feuchten, alkalischen Boden. Die Blüten erscheinen im Mai / Juni als weiße Schirmrispen. Die dem Weißdorn ähnlichen roten Steinfrüchte haben einen mehligsüßlichen Geschmack.

Echte Mehlbeere

Oxelbeere

Echte Mispel

Mespilus germanica

Trotz der Bezeichnung «germanica» handelt es sich bei der Mispel um eine Jahrtausende alte Kulturpflanze aus dem vorderasiatisch-süd-osteuropäischen Raum, die von den Römern auf die Alpennordseite gebracht wurde. Hier kultivierte man das pflegeleichte Frucht-gehölz in Kloster- und später auch in Bauerngärten. In den letzten zwei, drei Jahr-hunderten wurde das ehemals hoch ge-schätzte Obstgehölz durch neue Züchtungen

verdrängt. Verwilderte Mispeln sind heute vor allem noch in der Nähe von Römersiedlungen oder Klöstern zu finden.

Die Mispel ist ein 3 bis 6 m hoher Strauch oder Kleinbaum. Sie ist anspruchslos und liebt einen durchlässigen und eher kalkhaltigen Boden. Am liebsten wächst sie an submediterranen, windgeschützten, sonnigen Lagen; sie erträgt aber auch Temperaturen bis –20 °C. Da die Samenaufzucht sehr aufwändig ist, wird sie heute meist auf Quitten- und Weißdorn-Unterlagen gepfropft. Im Gegensatz zur Wildform haben veredelte Mispeln an den filzig behaarten Jungtrieben keine Dornen. Das harte, zähe Holz wurde früher vor allem für die Herstellung von Spießen und Geißeln oder für Einlegearbeiten (Intarsien) eingesetzt. Die gerbstoffreichen Blätter und Rinden verwendete man zum Gerben.

Im Mai / Juni erscheinen die etwa 5 cm großen weißen oder rosa Einzelblüten, die mit ihrem Pollenreichtum viele Insekten anlocken. Dank des knorrigen Wuchses und des dichten Laubbehangs eignet sich die Mispel vorzüglich als Brutgehölz und Versteck. Die apfelförmigen abgeflachten Scheinfrüchte, die im Oktober / November gepflückt werden, haben eine behaarte lederbraune Schale. Sie können bis Januar gelagert werden. Man kann sie aber auch bis nach dem ersten Frost am Baum belassen und dann verarbeiten. Die Kälte und eine lange Nachreifezeit machen das Fruchtfleisch teigig. Die reichlich vorhandene Ascorbinsäure wird bei diesem Prozess in Zucker umgewandelt. Weitere wertvolle Inhaltsstoffe sind Kalium und Kalzium. In der Volksmedizin wird der Mispel eine harntreibende und adstringierende Wirkung zugesprochen.

Küche In hartem Zustand gepflückte Früchte sind sauer und enthalten viele Gerbstoffe. Sie wurden früher für die Haltbarmachung von Obstsäften verwendet. Das Pektin ist in dieser Konzentration ein natürliches Geliermittel, das Gelees und Konfitüren die gewünschte Konsistenz gibt. Teigige Früchte können roh gegessen werden. Vom Aroma her erinnern gekochte und passierte Früchte an eine Mischung aus Pflaumen- und Apfelmus, das sich ausgezeichnet als Belag oder Füllung von Kuchen, Nussgipfeln usw. eignet. Aus den eingemaischten Früchten wird ein exklusiver Edelbrand hergestellt.

Sorten für die Naschhecke Nottingham, Königliche, Holländische, Samenlose, Westervelder, Bredase

Sanddorn

Hippophaë rhamnoides

Obwohl der Sanddorn aus dem Norden von Asien stammt, ist er ein «Sonnenkind». Die goldgelben Früchte sind ein Multivitaminspender erster Güte. Das zur Familie der Ölweidengewächse gehörende Gehölz bevorzugt einen nährstoffreichen bis mageren Sand- oder Kiesboden. Der krankheits- und schädlingsresistente Pionier und Überlebenskünstler trotzt in Sibirien dem Dauerfrost, und im Himalaja trifft man ihn bis auf 5000 m Höhe an. Selbst lange Dürreperioden übersteht er unbeschadet.

Als knorriger Strauch oder Kleinbaum wird der Sanddorn bis zu 5 m hoch. Das dichte Astwerk bietet Vögeln und anderen Tieren Unterschlupf. Sein flach wachsendes, sich durch Ausschläge vermehrendes Wurzelsystem kann sich oft in einem Umkreis von bis zu 10 m ausdehnen. Daher wird er als «lebende»

Befestigung für instabile Böden eingesetzt. Das goldfarbene Holz wird vor allem zum Drechseln und zum Färben (Gelb- und Brauntöne) genutzt.

Der botanische Gattungsname Hippophaë besteht aus den griechischen Wörtern «hippos» (Pferd) und «phaës» (leuchtend). Man sagt, dass die Pferde im antiken Griechenland mit Sanddorn gefüttert wurden, damit sie ein glänzendes Fell erhielten. «Rhamnus» bedeutet «Dorn», womit die spitzen Stacheln des Strauchs gemeint sind. Die Pflanze mit dem weidenähnlichen silbrigen Blattwerk ist zweihäusig. Deshalb müssen weibliche Sträucher mit einer männlichen Pflanze kombiniert werden.

Die unscheinbaren im März / April erscheinenden Blüten ertragen Frost bis –12 °C. Die weiblichen Blüten sind etwas größer als die männlichen und verströmen einen zarten Honigduft. Die säuerlichen gelb bis orangen Schein-Steinfrüchte sind im Spätherbst erntereif; im Winter sind sie für die Vögel eine wertvolle Nahrungsquelle.

Die Heilkraft des Saftes und des aus den Beeren extrahierten Öls ist in Ostasien schon seit über 2000 Jahren bekannt. In Europa wird die gesundheitliche Wirkung in mittelalterlichen Arzneibüchern erwähnt. Vitamin C kommt in 3- bis 7-mal höherer Konzentration vor als in der Zitrone. Wertvoll sind auch die Vitamine A und E sowie B_{12}, das üblicherweise nur in Milch- und Fleischprodukten enthalten ist. Nicht zu unterschätzen ist der Anteil an Farbstoffen, ätherischen Ölen und essentiellen Fettsäuren.

Sanddorn steigert die Abwehrkräfte gegen Grippe und Erkältung. Die Beeren werden aber nicht nur zu kulinarischen Produkten und Heil- oder Nahrungsergänzungsmitteln verarbeitet, sondern dienen auch als Basis für kosmetische Erzeugnisse. Führend in der kommerziellen Nutzung (Naturheilkunde und Medizin) ist Russland. China gilt als größtes Anbauland.

Küche Sanddornbeeren können zu Mus gekocht, als Fruchtsaft getrunken oder zu Sirup eingekocht werden. Man kann die Früchte zusammen mit Zucker auch in Schnaps einlegen. Getrocknete Beeren bieten sich als Rosinenersatz an; ein Teeaufguss soll eine leicht berauschende Wirkung haben.

Tipp Der Sanddorn trägt an den 2- bis 3-jährigen Seitentrieben. Sie können mit den Beeren geschnitten, tiefgekühlt und dann «ausgedroschen» werden. Ansonsten Beeren mit der Schere abschneiden.

Sorten für die Naschhecke Leikora, Hergo, Frugana, Dorana, Ascola, Orange Energy u. a.; Pollmix (männliche Pflanze)

Scheinquitte Feuerbusch

Chaenomeles japonica

Die Bezeichnung «Japanische Zierquitte» geht auf ihren Ursprung zurück. Wenn ihre leuchtend roten Blüten schon im April in unseren Gärten leuchten, macht sie ihrem deutschen Namen «Feuerbusch» alle Ehre. Den dekorativen Kleinstrauch kennt man in Europa erst seit 1874. Die Bezeichnung Schein- / Zierquitte hat sie wegen ihrer Ähnlichkeit mit der echten Quitte erhalten. Die beiden sind aber nicht miteinander verwandt. Das robuste sommergrüne Rosengewächs, das 1 bis 5 m hoch wachsen kann, gedeiht sowohl an extrem sonniger Lage wie im lichtem Schatten. Die bedornten Sträucher werden als Schutzhecke und Hangbepflanzung eingesetzt. Die im zeitigen Frühjahr erscheinenden Schalenblüten werden von Bienen, Hummeln und anderen Insekten als Pollen- und Nektarquelle genutzt. Dank Züchtungen gibt es neben den unterschiedlichen Rot- und Orangetönen auch weiß blühende Sorten.

Die apfel- oder birnenförmigen Früchte sind im September oder Oktober reif. Sie verströmen einen aromatischen Duft. In der Volksmedizin werden sie bei Durchfall empfohlen. Der hohe Pektingehalt verlängert das Sättigungsgefühl und wirkt sich normalisierend auf den Cholesterin- und den Blutzuckerspiegel aus. Ihr Vitamin-C-Gehalt ist bedeutend höher als jener der Zitrone (bis zu 150 mg / 100 g). Zudem enthalten Scheinquitten mehr Mineralstoffe als Äpfel oder Quitten.

Küche Schon im Altertum nutzte man die goldenen Früchtchen zum Kochen und Backen oder legte sie in Wein, Öl oder Honig ein, denn roh sind sie kein Genuss. Wenn man sie mit den Samen kocht, lässt sich daraus ein quittenähnliches Gelee herstellen. Äpfel, Birnen, Kürbis oder Gartenbeeren bekommen durch die Beigabe von Scheinquitten eine attraktive Geschmacksnuance.

Sorten für die Naschhecke Cido, Fusion, Nicoline, Crimson und Grosse Cido (besonders große Früchte)

Schlehe
Schwarzdorn

Prunus spinosa

Oft schon im März oder April hüllt sich der 3 bis 10 m hohe Strauch in seinen schneeweißen Brautschleier und setzt zauberhafte Akzente in die erwachende Vegetation. Die Mundartbezeichnung «Schlehe» leitet sich vom indogermanischen Wort (s)li ab, was «bläulich» bedeutet und sich auf die Farbe der Frucht bezieht. Der lateinische Ausdruck «spinosa» bedeutet «dornig».

In seinen Ansprüchen ist der mit den Pflaumen und Kirschen verwandte Schlehdorn bescheiden. Der langsam wachsende Strauch liebt einen sonnigen bis halbschattigen, eher kalkhaltigen Standort. Er bildet großflächige Ausläufer.

Trotz des sparrigen Aussehens ist die Schlehe eine gastfreundliche «Wirtin». Sie gehört zu den frühen Bienenweiden – so tun sich nebst den Honigbienen rund zwanzig Wildbienenarten an den Pollen und am Nektar gütlich. Eine wertvolle Nahrungsquelle sind die zart nach Mandeln duftenden Blüten auch für unzählige weitere Insekten, so für den selten gewordenen Rosenkäfer mit seinem grüngoldenen Panzer. Mehr als siebzig Tag- und Nachtfaltern, darunter vielen gefährdeten Arten, dient der Schwarzdorn als idealer Ort für die Eiablage, als «Kinderhort» und «Futternapf». Von den mehlbereiften schwarzblauen Steinfrüchten, die kleinen Pflaumen gleichen, ernähren sich etwa zwanzig Vogelarten, darunter Grasmücken und Meisen. Den Strauchbrütern bieten die dichten Schlehenhecken einen geschützten Wohnraum. Der auf der Roten Liste stehende Neuntöter nutzt die langen Dornen, um seine Beutetiere (Insekten oder Mäuse) daran aufzuspießen.

Die im Umfeld von neolithischen Pfahlbauten gefundenen Schlehenkerne lassen darauf schließen, dass das aus dem eurasischen Raum stammende Wildobstgehölz wohl schon in der jüngeren Steinzeit in Mitteleuropa heimisch war und genutzt wurde. Aus dem harten, zähen Holz stellten unsere Vorfahren Pfeile und Schalen her. Die Drechsler nutzen es noch heute für handwerkliche Kunstwerke. Aus der Rinde wurde im Mittelalter eine Tinte hergestellt, die jedoch wenig lichtbeständig war.

Die Schlehen enthalten organische Säuren, Gerbstoffe, Pektin, Vitamin C und sekundäre Pflanzenstoffe. Sie haben eine zusammenziehende, harntreibende, schwach abführende und entzündungshemmende Wirkung.

Ein Teeaufguss aus getrockneten Blüten und Blättern wird zur Blutreinigung, bei Hautkrankheiten und rheumatischen Beschwerden sowie bei Entzündungen der Mund- und Rachenschleimhaut eingesetzt. Beerenmus und Konfitüre wirken gegen Durchfall, Appetitlosigkeit und Erschöpfung.

Küche Die Blüten geben Desserts eine aromatische, leicht nach Bittermandeln schmeckende Note.

Früchte Die Früchte können zu Kompott, Konfitüre, Chutney und Sauce eingekocht werden. Der Beerensaft wird zu Sirup, Sorbets, Eiscremes und Parfaits verarbeitet. Aus den reifen Früchten lässt sich auch Wein und ein vorzüglicher Likör mit violetter Färbung herstellen. Schlehenschnaps zählt zu den begehrten Spezialitätenbränden. Früchte, die man einen Monat in Salzlake eingelegt hat, dienen als Olivenersatz.

Tipp Die Schlehenfrüchte sind sauer, herb und zusammenziehend. Frost (oder Tiefkühlen) macht die Beeren so mild, dass sie roh gegessen werden können.

Sorten für die Naschhecke Merzig, Nittel, Reto (fast dornenlos, mildes Fruchtaroma)

Speierling

Sorbus domestica

Der Speierling kam in einer nacheiszeitlichen Wärmeperiode in unsere Breitengrade. In der Schweiz ist die Zahl der alten, stattlichen, als Einzelbaum bis 30 m hoch wachsenden Wildobstgehölze auf rund 500 Exemplare geschrumpft. Dem extrem harten Holz wurden früher magische Kräfte nachgesagt. Es hieß, ein Haus sei vor Blitz und

bösen Geistern geschützt, wenn der Zimmermann beim Dachbau ein Stück Speierlingsholz verwende. Im Schiffsbug eingebaut sollte das «Eisenholz» Stürmen Einhalt gebieten und die hohen Wellen brechen.

Die heute teils auch wegen der Feuerbrandgefahr selten gewordene Sorbus-Art hat in den letzten Jahrtausenden eine wechselvolle Geschichte durchlebt. Das lateinische Wort «sorbere» («schlürfen») deutet darauf hin, dass der Speierling bereits in der Antike wichtig für die Weinherstellung war. Daneben wurden die bis 3 cm großen Apfelfrüchtchen zum Kochen, als Mehlersatz und Tierfutter verwendet. Wie die Früchte anderer Sorbus-Arten wurden sie wegen der zusammenziehenden Wirkung medizinisch genutzt, etwa bei Magen- / Darmerkrankungen (Ruhr, Durchfall). Der Speierling blüht erstmals frühestens mit 10 Jahren. Die rein- oder rahmweiße Blüte hat einen rosafarbenen Rand. Die wildbirnen-, seltener wildapfelähnlichen Früchte haben zuerst eine hübsche gelbrote Färbung; im vollreifen Stadium sind sie braun und teigig und haben ein ungewohntes, angenehmes Aroma.

Küche Teigige Früchte können roh genossen werden. Sie lassen sich zusammen mit anderem Obst zu Mus und zu Konfitüre verarbeiten. Der hohe Gerbstoffanteil klärt Säfte, verstärkt Aromen und verbessert die Haltbarkeit. Deshalb werden die Früchte auch heute noch mit Äpfeln und Birnen zu Obstsaft / Obstwein gepresst. Aus dem Speierling wird auch ein bekömmlicher Schnaps hergestellt.

Stachelbeere

Ribes grossularia

Auf dem europäischen Festland werden Stachelbeeren erst seit dem 16. Jahrhundert als Beerenobst angebaut. Bei den Briten dagegen war die behaarte säuerliche Frucht schon viel früher bekannt. Die 1 bis 1,5 m hohe Staude bevorzugt einen mäßig trockenen bis humosen, sonnigen bis leicht schattigen Standort. Da Stachelbeeren anfällig auf Mehltau sind, wurden resistentere Sorten mit weniger Dornen und teils mit glattschaligen Früchten gezüchtet.

Der Stachelbeere blüht im April / Mai eher unscheinbar. Die Beerenfrucht ist länglich bis kugelig, die Fruchtfarbe reicht je nach Sorte von Gelb über Grün bis zum Purpurrot. Ernte ist im Juli / August. Stachelbeeren haben ein erfrischend säuerliches Aroma. Sie enthalten viel Vitamin C und einen ausgewogenen Anteil an Mineralstoffen wie Eisen, Phosphor, Kalzium, Natrium. Die Beeren wirken leicht abführend und unterstützen die Blutbildung.

Sorten für die Naschhecke Hinomaki (gelb und rot), Captivator (rot, fast dornenlos)

Weißdorn

Eingrifflig **Crataegus monogyna**
Zweigrifflig **Crataegus oxygacantha**

Da sich die Weißdornarten leicht untereinander kreuzen, gibt es unzählige Unterarten und Varietäten, die selbst die Fachleute häufig nur schwer unterscheiden können. Die botanische Bezeichnung geht auf das altgriechische Wort «krataiós» zurück. Es bedeutet «fest» und bezieht sich auf das extrem harte Holz, aus dem früher Drechslergegenstände und Schnitzereien hergestellt wurden. «Oxyacantha» bedeutet »spitzstachlig» und spielt auf die dornigen Äste an. Im deutschen Sprachraum gibt es für den Weißdorn viele, oft regionale Namen. Mit «Mehldorn» oder «Mehlkübeli» sind die kleinen mehligen Apfelfrüchte gemeint. «Heinzelmännchen» ist eine weitere volkstümliche Bezeichnung, die auf die uralte mythologische Bedeutung des

Weißdorns als Schutz vor bösen Geistern anspielen könnte. Hilfe versprachen sich die Menschen aber auch von den Elfen, die im schützenden Weißdornhain gehaust haben sollen.

Die mitteleuropäischen Weißdornarten können bis 500 Jahre alt werden. Sie lieben einen sonnigen, eher trockenen Standort, sind jedoch feuerbrandgefährdet. Als langsam wachsender Strauch oder kleiner Baum erreicht der Weißdorn eine Höhe von 5 m oder mehr. Die weißen, bei Zuchtformen auch rosa oder roten Blüten sind in Doldenrispen angeordnet und erscheinen im Mai / Juni. Sie riechen sehr intensiv und locken damit viele Insekten an. Die roten Apfelfrüchte sind ab September reif. Blätter und Früchte dienen rund 300 pflanzenfressenden Insektenarten als Nahrung. Darunter sind viele, die sich in den Obstgärten als Nützlinge betätigen. Für Singdrossel und Neuntöter ist er ein wichtiger Brutstrauch.

Schon in frühzeitlichen und mittelalterlichen Medizinbüchern wird der Weißdorn als «Herzbrot» oder «Baldrian des Herzens» bezeichnet. Auch in der Phytotherapie hat er seinen festen Platz. Die Inhaltsstoffe, darunter Vitamin C, Pektin, Gerb- und Farbstoffe, tragen zu einer verbesserten Sauerstoffversorgung des Herzmuskels bei.

Genutzt werden nicht nur die Scheinfrüchte, sondern auch die Blätter und die nicht ganz geöffneten Blüten. In Tablettenform, als Tee oder Alkohol-Auszug wird der Weißdorn bei Herz- und Kreislaufstörungen und Nervosität empfohlen.

Küche Rohe Beeren sind kein Genuss. Wenn sie aber nach dem ersten Frost geerntet werden, ist das Fruchtfleisch weich und schmeckt säuerlich-süß. Es wird zu Mus und Kompott oder zu Gelee verarbeitet, oft in Kombination mit anderen Früchten. Aus dem getrockneten Fruchtfleisch wurde in Notzeiten Mehl gemahlen. Die Kerne wurden als Kaffee-Ersatz verwendet. In gewissen Regionen wird aus den Früchten ein Schnaps hergestellt. Mit Puderzucker bestäubte Blüten ergeben eine schöne Dekoration für Desserts. Die jungen Blätter und Blüten bereichern den Frühlingssalat.

Wildapfel Holzapfel

Malus silvestris

Bei uns muss man weit gehen, bis man einen echten Europäischen Wildapfelbaum findet. Im Gegensatz zu den rund 300 verschiedenen Wildäpfeln aus Kaukasien, die als «Stammeltern» unserer Kultursorten gelten, war er wirtschaftlich nie von Bedeutung.

Das wärmeliebende, lichthungrige Gehölz bevorzugt einen nährstoffreichen, tiefgründigen Boden. Es ist in der Regel strauchartig, 3 bis 5 m hoch und hat feine dornenbesetzte dunkelbraune Zweige. Als Baum kann er bis 10 m hoch werden.

Im April / Mai erscheinen die langgestielten, außen blassrosa und innen weißen Blüten. Ab September werden die kugeligen «Rotbäckchen» reif. Sie haben einen Durchmesser von 2 bis 4 cm. Besondere Merkmale sind das kleine Kerngehäuse und die flache Stiel- und Kelchgrube. Der herb-saure, holzige Geschmack beruht auf dem hohen Anteil an Gerbstoffen.

Küche Roh sind die Wildäpfel zwar genießbar, aber nicht besonders wohlschmeckend. Konfitüren erhalten durch die Gerbstoffe ein spezielles Aroma.

Tipp Anstelle von Wildäpfeln können die kleinen säuerlichen Früchte der verschiedenen Zierapfel-Züchtungen verwendet werden.

Wildkirsche

Prunus-Gattungen

Vogelkirsche (Prunus avium)

Die Vogelkirsche gilt als Urform zahlreicher Obstsorten und wurde schon in vorchristlicher Zeit in Kleinasien kultiviert. Durch natürliche Kreuzungen und gezielte Weiterzüchtungen entstand eine große Vielfalt an wilden und auch für den Erwerbsanbau wichtigen Steinobstgehölzen. Der Baum gedeiht auf nährstoffreichem Boden und wird bis 20 m hoch. Die meisten Prunus-Arten blühen bereits

früh im Frühling und sind damit eine wichtige Bienenweide. Die Blüten hängen in doldigen Büscheln an langen Stielen.

Die gut erbsengroßen schwarzroten Kirschen schmecken bittersüß. Wie der Name sagt, ist die Vogelkirsche für die Vögel ein gefundenes Fressen. Auch in der Küche oder für Spezialitätenbrände wird das Fruchtfleisch wieder vermehrt genutzt. Die Steinsamen enthalten wenig Blausäureglykoside. Das harte rötlichbraune Kernholz ist sehr wertvoll und wird für Möbel, Musikinstrumente und als Furnierholz verwendet.

Sauerkirsche

Sauerkirsche (Prunus cerasus)

Die Sauerkirschen werden zu Erwerbszwecken angebaut. Da die herkömmlichen Sorten pilzanfällig sind, wurden in den letzten Jahren widerstandsfähigere Sorten gezüchtet.

Felsenkirsche, Steinweichsel (Prunus mahaleb)

Ihre Ur-Heimat reicht vom Mittelmeerraum über Klein- bis Vorderasien. Das trockenheitsresistente, als Strauch oder Baum wachsende Pioniergehölz kann Höhen von 3 bis 10 m erreichen. Schädlinge können der Felsenkirsche kaum etwas anhaben. Deshalb wird sie oft als Ziergehölz oder Pfropfunterlage verwendet. Sie bevorzugt kalkhaltigen Boden und einen sonnigen Standort. Die weißen, nach Bittermandeln duftenden Blüten erscheinen im Mai.
Die kleinen rötlich-schwarzen Früchte sind bei den Vögeln sehr beliebt. Für uns Menschen hat die Felsenkirsche einen eher unangenehmen Geschmack; geschätzt wird aber der Fruchtkern. Zu Mehl gemahlen wird er unter dem Namen «Mahlab» in der arabischen und türkischen Küche zum Würzen von Gebäck und Getränken eingesetzt.

Wildpflaumen Wildzwetschgen

Prunus domestica

Der Oberbegriff Prunus domestica umfasst die beiden Steinobstarten Pflaumen und Zwetschgen, welche aus einer Kreuzung von Schwarzdorn und Kirschpflaumen hervorgegangen sind. Die wilde Art hat sich seit der Jungsteinzeit kaum verändert. Ihre Früchte sind kaum größer als die des Schwarzdorns. Sie sind reich an Gerbstoffen und werden hauptsächlich für die Herstellung von Edelobstbränden verwendet. Es gibt viele Unterarten, die meist unter regionalen Namen wie Spillinge, Kriechen (Kreten), Haferpflaume oder Schlehenpflaume bekannt sind und in der Regel ovale Früchte tragen.
Unter Kennern als besonders exklusiv gelten die Damaszenerpflaume (Damassine) und die Zibarte (Ziparte, Zibärtle).

Damassine (Prunus syriaca Borkh.)
Die Wildpflaume mit ihren süßen blauschwarzen Früchten soll ursprünglich im Gebiet von Damaskus heimisch gewesen sein. Von den Römern wurde sie zuerst nach Italien und später über die Alpen gebracht. Schon Aspicius erwähnt ein Lammfleisch-Rezept mit entsteinten Damassines.
Gemäß einer anderen Erzählung soll diese Pflaumenart im frühen Mittelalter von den Kreuzrittern importiert worden sein. Sie ist nicht sehr fruchtbar und trägt oft nur alle zwei Jahre Früchte. Kenner schwärmen vom herzhaften, unvergleichlichen Aroma der kleinen Steinfrucht, die man vor allem noch im Jura kennt. Frisch ab Baum sind sie ein besonderer Genuss. Auch in der Küche sind sie vielseitig verwendbar, sei es als Kuchenbelag, für Kompott und Konfitüren oder als Beilage zu rotem Fleisch. Am bekanntesten dürfte der kostbare Damassine-Schnaps sein.

Zibarte (Prunus domestica ssp. prisca)
Ähnliches wie von der Damassine erzählt man sich von der ursprünglich auch als «Zypernpflaume» bekannten Wildfrucht. Die Zibarte wächst als kleiner Baum oder-Strauch und wird 3 bis 7 m hoch. Sie ist kaum anfällig auf Krankheiten und Schädlinge.
Die süßen kugeligen Früchte sind in der Regel rotblau, seltener gelb, und werden im November geerntet. Sie können gleich verwendet werden wie die Damassine.

Kirschpflaume (Prunus cerasifera)
Sie wächst als Baum oder Strauch und erreicht eine Wuchshöhe von 5 bis 8 m. Sie blüht

sehr früh, meistens schon eine bis zwei Wochen vor dem Schwarzdorn. Die weißen, innen rosa angehauchten Blüten duften sehr stark. Die kugeligen, mirabellengroßen Früchte sind ab Juni oder Juli reif. Je nach Sorte können sie gelb bis kirschrot sein; das Fruchtfleisch ist sauer und eher fad. Blauviolette Sorten sind aromatischer und süßer.

Tipp Die Früchte der als Zierpflanze bekannten rotblättrigen «Blutpflaume » sind ebenfalls essbar («Trailblazer = Hollywood» gehört zu den bekanntesten Sorten).

Wildrosen

Die älteste Darstellung einer Rose findet sich auf einer 4000 Jahre alten sumerischen Tontafel. Wildrosen sind aus Samen entstanden. Sie blühen normalerweise nur einmal im Jahr und sind starkwüchsig. Die Unterschiede zwischen den durch natürliche Kreuzungen entstandenen Arten sind oft so gering, dass sich gelegentlich selbst Botaniker bei der Bestimmung nicht einig sind. Nach Schätzungen dürfte es weltweit 100 bis 200 Arten geben. Im mitteleuropäischen Raum gibt es insgesamt etwa 30 Wildrosen-Arten, davon kommen 27 in der Schweiz vor.

Wildrosen sind ein kostbarer Schatz, den zu entdecken und in Form von Zier- oder Wildobststräuchern in den Garten und in die Landschaft zu integrieren sich lohnt. Sie überraschen mit ihren Farben, Formen und Düften. Die Farbpalette der Blüten reicht von Weiß über zarte Gelb- und Cremetöne bis zu Rosa, Pink, kräftigem Dunkelrot oder Violett. Einige haben mehrfarbige Kronblätter, andere ändern die Farbe während des Blühens. Der Duft kann himbeerzart, apfelähnlich oder würzig-süß sein.

Auch bei den Früchten ist die Formen- und Farbenvielfalt groß. Hagebutten können kugelig, ei-, birnen- oder flaschenförmig sein. Die Farben reichen von Orange über Rotnuancen bis zu Schwarz. Die Früchte reifen je nach Art zwischen August und Oktober. Mit etwas Geduld lassen sich viele Wildrosen als Bäumchen ziehen oder zum Beleben von Stämmen und abgestorbenen Stauden bewegen. Interessanterweise gibt es auch Arten mit aromatisch duftendem Laub.

Die Wildrose steht im Schatten ihrer stolzen Schwester, der Zuchtrose. Doch wer ihre natürliche Schönheit, den gesundheitlichen Wert sowie den ökologischen Nutzen schätzt, wird ihr im naturnahen Garten oder in Wildobsthecken vermehrt Platz geben. Im Frühling locken die Blüten eine Vielzahl von Bienen, Insekten und Schmetterlingen an. Das dornenbewehrte Gehölz bietet zahlreichen Vogelarten einen Nistplatz. Auch Kleintiere wie Igel, Wiesel und Siebenschläfer finden hier Unterschlupf. Bis weit in den Winter hinein ist die Hagebutte für mehr als einem Dutzend Vogelarten Nahrungsquelle. Das gesundheitliche Potenzial der Hagebutte machen sich die Menschen seit Urzeiten zunutze. Sie gehört zu den schmackhaftesten, vitamin- und mineralstoffreichsten Wildfrüchten. Besonders hoch ist der Gehalt an Vitamin C; daneben sind aber auch das Provitamin A, Vitamine des B-Komplexes usw. vertreten. Obwohl durch das Erhitzen ein

Teil der Inhaltsstoffe zerstört wird, liegt der Vitamin-C-Gehalt der Hagebuttenkonfitüre immer noch weit über dem der Zitrusfrüchte.

Die Hagebutten werden in der Naturheilkunde und in der pharmazeutischen Industrie vielseitig genutzt. Sie haben eine leicht harntreibende, abführende Wirkung. Sie werden vorbeugend und zur Behandlung von Erkältungskrankheiten und grippalen Infekten empfohlen. Die Inhaltsstoffe schützen vor freien Radikalen, tragen zur besseren Durchblutung der Zellen bei und festigen die Gefäße.

Die an Vitamin E reichen Kerne sind in zahlreichen Alltags- und Heiltees enthalten.
Die Rosenblüten enthalten beruhigende Stoffe und ätherische Öle, welche die Haut weich

Apfelrose

Apfelrosenstrauch

Hundsrose

Weinrose

machen und regenerieren. Schlaftees enthalten oft Rosenblütenblätter.

Verwendung in der Küche Die Blüten passen in sommerliche Bowlen, in Salate und vieles mehr. Gezuckerte Rosenblüten sind das dekorative i-Tüpfelchen von Desserts. Experimentierfreudige Köchinnen und Köche lassen sich vom leicht säuerlich-frisch schmeckenden Hagebuttenmus zu immer neuen Kreationen inspirieren.

Ein paar interessante Wildformen

Hundsrose (Rosa canina)

Die wohl am stärksten verbreitete Wildrose ist die Hundsrose, die auch Heckenrose oder in der Schweiz «Hagröseli» genannt wird. Wild wächst sie in Hecken, auf Steinhügeln und an Waldrändern. Der Strauch wächst überhängend und erreicht eine Höhe von 3 m. Die Blüten haben einen Durchmesser von rund 4 cm, die Blütenfarbe variiert von Weiß bis Rosa. Ab August reifen eiförmige scharlachrote Hagebutten.

Hechtrose, Bereifte Rose (Rosa glauca; Synonym: Rosa rubrifolia)

Der zuerst aufrecht, später überhängend wachsende Strauch kann 2,5 m hoch werden. Die Zweige sind bläulich bereift. Die Rose kommt wild in den Alpen und im Jura vor.

Die Blütenblätter sind außen dunkelrosa und zum Blattansatz hin weiß. Ab August reifen die rotbraunen matt glänzenden kugeligen Hagebutten.

Alpenhagrose, Hängerose (Rosa pendulina)
Die Alpenhagrose ist in alpinen Zonen beheimatet. Der fast stachellose Strauch hat einen zierlichen, überhängenden Wuchs und erreicht eine Höhe von 1,5 m. Er ist auch für halbschattige bis schattige Lagen geeignet. Das Farbenspektrum der Blüten reicht von Rosa bis zum dunklen Pink. Die Früchte sind schlank und ei- bis flaschenförmig.

Bibernellrose (Rosa pimpinellifolia; Synonym: Rosa spinosissima)
Sie wird nicht von ungefähr Reichstachelige Rose genannt. Sie kommt an kalkhaltigen Standorten wie auf Felsen, in Geröllhalden und auf Trockenwiesen vor. Die Blüten sind weiß mit gelber Mitte. Im Herbst gibt es vereinzelt eine schwache Nachblüte. Charakteristisch sind die schwarzen, kugeligen Hagebutten, der dicht ausladende Wuchs sowie das feine fiederartige Laub. Der Strauch wird bis 1,8 m hoch.

Weinrose, Schottische Zaunrose (Rosa rubiginosa)
Sie kommt auf Trockenwiesen, kalkreichen Magerwiesen, an Waldrändern und in Gebüschen vor. Der frische Apfelduft stammt nicht von den rosa Blüten, sondern von den grün glänzenden Fiederblättern. Die in Büscheln hängenden kleinen, birnenförmigen Hagebutten haben ein schönes Orangerot. Der aufrecht wachsende Strauch ist mit vielen Stacheln bewehrt. Wuchshöhe 2,5 m.

Filzrose (Rosa tomentosa)
Sie wächst wild in Gebüschen und in trockenen Laubwäldern. Der kompakt wachsende Strauch erreicht eine Höhe von 2 m. Die weißen Blüten sind manchmal rosarot angehaucht.

Apfelrose (Rosa villosa; Synonym: Rosa pomifera)
Sie hat ihren Lebensraum an steinigen Felshängen und in Felsspalten. Erstaunlich sind die 5 bis 7 cm großen Blüten. Der aufrecht bis überhängend wachsende Strauch kann bis 3 m hoch werden. Augenfällig sind die flaschenförmigen, mit unzähligen Borsten übersäten Hagebutten sowie die auf der Unterseite filzig behaarten Blätter, die einen angenehmen Apfelduft verströmen.

Empfehlenswerte Kultursorten Pirosa (fast stachellos, Früchte mit hohem Vitamin-C-Gehalt), Karpatia (stachelig, große Früchte)

Aperitif & Vorspeisen

für 4 bis 8 Personen

3 ¾ dl / 375 ml Hühnerbrühe
3 ¾ dl / 375 ml Wasser
mit 17,5 g Bouillonpaste
1 ¼ dl / 125 ml trockener Weißwein mit guter Säure, z. B. Riesling oder Chardonnay
½ Limette, Saft
½ Hefewürfel
1 EL in Öl eingelegte Schalotten, Seite 147
1 TL Kartoffel- oder Maisstärke
1 dl / 100 ml Rahm / Sahne
1 rote Chilischote
100 g rotes Wildapfelmus, Seite 122

Rotes Wildapfelsüppchen

mit Chili

1 Chilischote aufschneiden, eventuell entkernen, in Streifchen schneiden.

2 Alle Zutaten ohne das Wildapfelmus in einen Topf geben und etwa 10 Minuten köcheln lassen, Wildapfelmus beifügen. Süppchen mit dem Stabmixer schaumig mixen. Wildapfelsüppchen in vorgewärmten Tassen anrichten.

Zum Rezept Hefe und Suppe? Ob das zusammenpasst? Ja. Das Geschmackserlebnis ist wirklich einmalig. Das Süppchen soll den Magen nicht füllen, sondern Ouvertüre zu einem mehrgängigen Menü sein oder als Amuse-bouche in einer Espressotasse serviert werden.

16 tiefgekühlte
Frühlingsrollenteigblätter
8 grüne Spargel
8 weiße Spargel

Frittieröl

Süßsaure Wildbeersauce,
Seite 149

Spargel-Frühlingsrollen

mit süßsaurer Wildbeersauce

1 Beim weißen Spargel die Schnittstelle frisch anschneiden, großzügig schälen, bis alle grobfasrigen Stellen entfernt sind. Im stark gesalzenen Kochwasser 8 Minuten garen; der Spargel soll noch leicht knackig sein. Im Eiswasser abschrecken, dann auf einem Küchentuch trocknen lassen. Spargel quer halbieren.

2 Beim grünen Spargel die Schnittstelle frisch anschneiden, untere Hälfte schälen. Im stark gesalzenen Kochwasser 3 Minuten knackig garen. Im Eiswasser abschrecken. Auf einem Küchentuch trocknen lassen. Spargel quer halbieren.

3 Immer zwei Spargelhälften in ein Frühlingsrollenteigblatt einwickeln.

4 Die Frühlingsrollen im heißen Öl bei 180 °C 1½ Minuten goldgelb backen.

Essen Frühlingsrollen in die süßsaure Wildbeersauce eintauchen und von Hand essen. Die Hagebuttenmayonnaise (falsche Cocktailsauce), Seite 86, passt ebenfalls zu den Frühlingsrollen.

1 geräucherte Entenbrust, 250 g
8 EL Wildpflaumenchutney, Seite 147
Frühlingsrollenteigkörbchen, nach Belieben
Hibiskus-Balsamico oder Balsamicocreme

Grissini
350 g Weißmehl
1 Hefewürfel
2 dl / 200 ml Wasser
75 g Olivenöl extra vergine
9 g Salz

Zum Bestreuen (Grissini)
getrocknete Kräuter
Kümmelsamen
Mohnsamen
Sesamsamen

Geräucherte Entenbrust

mit Wildpflaumenchutney

1 Für den Grissiniteig alle Zutaten in die Rührschüssel geben und in der Küchenmaschine auf kleiner Stufe kneten. Von Hand den Teig mindestens 10 Minuten kneten. Die Teigschüssel mit einem Tuch bedecken, den Teig 30 Minuten gehen lassen. Den Teig in Portionen von 18 bis 20 g teilen, mit den Handballen flach drücken. Die Rondellen auf eine gut bemehlte Tischplatte legen und etwa 90 Minuten zugedeckt gehen lassen. Je länger der Teig ruhen kann, desto besser ist er formbar. Aus dem Teig lange, dünne Stangen drehen, beliebig formen, mit getrockneten Kräutern, Kümmel-, Mohn- oder Sesamsamen bestreuen. Auf mit Backpapier belegte Bleche legen. In der Mitte in den auf 250 °C vorgeheizten Ofen schieben und 8 Minuten backen, zu Beginn mit viel Dampf (je nach Backofen ein Schüsselchen mit Wasser auf den Boden stellen).

2 Bei der Entenbrust etwas überflüssiges Fett wegschneiden, das Fleisch dünn aufschneiden und auf Teller legen.

3 Das Wildpflaumenchutney nach Belieben im Teigkörbchen anrichten oder klößchenähnlich zum Fleisch anrichten. Teller mit Hibiskus-Balsamico oder Balsamicocreme garnieren. Grissini dazulegen.

Frühlingsrollenteigkörbchen Rondellen von 8 cm Durchmesser ausstechen. Mit einem speziellen Eisen oder einem kleinen Nudelholz im Fritieröl nach unten drücken, bis der Teig knusprig ist.

4 Scheiben ungestopfte Gänseleber, je 40 g
schwarzes Hawaiisalz oder Fleur de sel
grob gemahlener schwarzer Pfeffer
wenig Bratbutter/Butterschmalz

40 g kernenlose weiße und rote Traubenbeeren, halbiert

4 EL Scheinquittengelee, Seite 134

Gebratene Gänseleber

mit Scheinquittengelee

1 Gänseleberscheiben mit Salz und Pfeffer würzen. In einer heißen beschichteten Bratpfanne auf beiden Seiten je 1 Minute braten. Warm stellen.

2 Die halbierten Traubenbeeren in der Bratpfanne wenden und erwärmen.

3 Einen Esslöffel Scheinquittengelee auf jeden vorgewärmten Teller geben, Gänseleberscheibe darauflegen, mit den Traubenbeeren garnieren.

Variante Gut zur Gänseleber passt auch ein Mispelgelee, das geschmacklich wie eine Mischung aus oxidierten Äpfeln und Quitten schmeckt.

250 g Thunfischfilet, Sushiqualität
2 EL Tropic-Pfeffer-Körner
Olivenöl extra vergine zum Braten

200 g gemischte grüne und gelbe Zucchini
Olivenöl extra vergine
1 Tomate, geschält, entkernt, gewürfelt
Fleur de sel

4 EL Sanddornmayonnaise, Seite 148
Limonen-Olivenöl oder Olivenöl extra vergine

Sanddornkompott, Seite 140

Pfeffersteak

von rotem Thunfisch mit Sanddornmayonnaise

1 Tropic-Pfeffer-Körner mit einem Pfannenboden zerdrücken. Thunfischfilet in den zerstoßenen Pfeffer drücken. Fischfilet in einer Bratpfanne in wenig Olivenöl beidseitig sehr heiß braten.

2 Zucchini beidseitig kappen, auf der Aufschnittmaschine in Längsrichtung in 3 mm dicke Scheiben und diese mit dem Gemüsemesser in 3 mm dicke «Spaghetti» schneiden. Mit einem Gemüsehobel mit dem entsprechendem Einsatz geht es noch schneller – jedoch Vorsicht mit den Fingern! Die Zucchini-Spaghetti mit Fleur de sel würzen, im rauchend heißen Wok oder in der guten alten Gusseisenpfanne 30 Sekunden schwenken, Tomatenwürfel beigeben. Ein Sieb in eine Schüssel stellen, Gemüse darin abtropfen lassen.

3 Zucchini-Spaghetti auf vorgewärmten Tellern anrichten. Thunfischfilet in möglichst dünne Scheiben schneiden, auf den Zucchini anrichten, mit wenig Fleur de sel bestreuen, mit Sanddornmayonnaise und Limonen-Olivenöl beträufeln, mit dem Sanddornkompott garnieren.

Ravioliteig – Grundrezept
250 g Hartweizendunst
2 große Freilandeier, verquirlt
½ EL Olivenöl extra vergine
1 TL feines Meersalz

80–100 g Ravioliteig oder Won-Ton-Teigblätter aus dem Asienladen
4 Scheiben ungestopfte Gänseleber, je 40 g
Fleur de sel
frisch gemahlener schwarzer Pfeffer

40 g Brotwürfelchen, vorzugsweise Brioche oder Butterzopf
wenig Bratbutter/Butterschmalz
80 g gekochte Quitten- oder Apfelwürfelchen

4 gehäufte EL Mispelmus, Seite 144

Ravioli

mit Gänseleberfüllung auf Mispelmus

1 Für den Ravioliteig den Hartweizendunst in eine große Schüssel geben oder auf die Arbeitsfläche häufen und eine Vertiefung drücken, Eier, Öl und Salz in die Vertiefung geben, Mehl und Flüssigkeit mit einer Gabel mischen, dabei immer größere Kreise ziehen, Gemisch von Hand zu einem Teig zusammenfügen, gut kneten. Den Teig in einen Plastikbeutel legen und mindestens 30 Minuten bei Zimmertemperatur ruhen lassen.

2 Die Gänseleberscheiben mit Salz und Pfeffer würzen und in einer nicht klebenden heißen Bratpfanne auf beiden Seiten je 30 Sekunden braten. Abkühlen lassen.

3 Gänseleberscheiben in den sehr dünn ausgerollten Nudelteig einpacken.

4 Die Brotwürfelchen in der Bratbutter hellbraun rösten. Beiseite stellen. Fruchtwürfelchen in der Brotpfanne erwärmen.

5 In einem großen Topf reichlich Salzwasser erhitzen, Ravioli zugeben, den Kochtopf von der Wärmequelle nehmen, Ravioli zugedeckt 3 Minuten ziehen lassen.

6 Das heiße Mispelmus auf vorgewärmten Tellern verstreichen. Die Ravioli habieren, dazu anrichten, mit Brot- und Quittenwürfelchen garnieren.

für 8 Personen

1 EL Bratbutter / Butterschmalz
1,2 kg Kalbsschulter
feines Meersalz
frisch gemahlener schwarzer Pfeffer

Hagebuttenmayonnaise – Falsche Cocktailsauce
1 kleines Freilandei
75 g Hagebuttenmark, Seite 144, schwach gesüßt (250 g Gelierzucker auf 500 g Mark)
½ dl / 50 ml Zitronensaft
½ TL Zitronenpfeffer
½ TL Salz
1 ¼ dl / 125 ml Traubenkernöl
¼ dl / 25 ml Orangen-Olivenöl
1 TL Cognac

Hagebuttenmark, Seite 144
ungespritzte gelbe und rote Rosenblütenblätter

Vitello Rugoso

1 Backofen auf 170 °C vorheizen.

2 Das Kalbfleisch mit Salz und Pfeffer würzen, in einem Brattopf in der Bratbutter rundum kräftig anbraten. Kalbsbraten auf einen Gitterrost legen und im vorgeheizten Ofen bei 170 °C 1-1½ Stunden garen, bis der Braten eine Kerntemperatur von 70 °C hat. Aus dem Ofen nehmen und auf dem Gitter auskühlen lassen.

3 Für die Hagebuttensauce das Ei, Hagebuttenmark, Zitronensaft, Zitronenpfeffer und Salz verquirlen, die Öle mit dem Schneebesen tropfenweise unterschlagen, mit Cognac abschmecken. Oder die Mayonnaise im Mixerglas zubereiten; das geht schnell und ist einfach: Ei, Hagebuttenmark, Zitronensaft, Zitronenpfeffer und Salz ins Mixerglas geben, Öle bei laufender Maschine nach und nach zugeben, mit Cognac abschmecken.

4 Erkalteten Braten mit der Aufschnittmaschine oder mit einem sehr scharfen Messer dünn aufschneiden. Bratenscheiben aufrollen, auf kalten Tellern anrichten, mit der Hagebuttensauce garnieren, mit Rosenblütenblättern und Tropfen von Hagebuttenmarktropfen garnieren.

Tipp Sauce und Braten sind im Kühlschrank bei 4–6 °C zugedeckt eine Woche haltbar.

Geriebener Teig
500 g Weißmehl
2 TL Salz
240 g kalte Butterstückchen
10 zerdrückte Kaffeebohnen
2 dl / 200 ml Wasser

Füllung
500 g Birnenweckenmasse
(im Handel erhältlich)
250 g Mispelchutney, Seite 146
50 g Haferflocken
100 g ganze Haselnüsse
100 g ganze Cashewkerne
50 g ganze Baumnuss- / Walnusskerne
50 g Sultaninen

Eigelb zum Bepinseln

Heublumenkäse
Mispelchutney, Seite 146

Birnenwecken

mit Mispeln und Nüssen

1 Für den Teig Mehl und Salz mischen, Butter beifügen und mit dem Mehl krümelig reiben, die Kaffeebohnen untermischen, Wasser zufügen, alles zu einem kompakten Teig zusammenfügen. Den Teig in Klarsichtfolie einwickeln und 30 Minuten ruhen lassen.

2 Für die Füllung Birnenmasse, Mispelchutney und Haferflocken verrühren, Nüsse und Sultaninen unterrühren.

3 Backofen auf 180 °C vorheizen.

4 Geriebenen Teig und Füllmasse in 4 Portionen teilen.

5 Den Teig rechteckig und nicht zu dünn ausrollen. Die Masse auf dem Teig verteilen, rundum einen Rand freilassen und diesen mit Eigelb bepinseln, einrollen, Teigende andrücken, offene Seiten zusammendrücken. Weggen mit Eigelb bestreichen, Teig mit einer Gabel mehrere Male einstechen.

6 Die Weggen auf ein mit Backpapier belegtes Blech legen, auf der zweituntersten Schiene in den Ofen schieben, Weggen bei 180 °C 40 Minuten backen. Auf einem Kuchengitter auskühlen lassen.

Tipps Die würzige Rinde des Heublumenkäses kann man essen. Die Kaffeebohnen geben dem Teig ein gutes Röstaroma. Gut verpackt sind die Weggen im Kühlschrank mindestens 2 Monate haltbar. Dieses Rezept kann auch als kleine Mahlzeit oder Dessert serviert werden.

4 Scheiben Toggenburger Tuma-Käse, je 40 g
4 EL Apfelbeergelee, Seite 136

Apfelrösti

2 säuerliche Äpfel
60 g Brotwürfelchen von einem Zwirbelbrot (50 % Vollkornmehl)
1 EL Zucker
1 EL Butter

Apfelrösti

mit Apfelbeergelee und Toggenburger Tuma

1 Für die Apfelrösti die Äpfel schälen und auf der Röstiraffel reiben. Eine Bratpfanne stark erhitzen, Äpfel, Brotwürfelchen und Zucker zusammen in die Pfanne geben und unter kräftigem Bewegen Farbe annehmen lassen. Nach 30 Sekunden die Butter beifügen, weitere 30 Sekunden dünsten. Das Dünsten / Sautieren muss sehr schnell gehen und bei hoher Temperatur, damit die Äpfel nicht verkochen.

2 Apfelrösti mit Hilfe eines Ausstechringes auf vorgewärmten Tellern anrichten, Tuma-Käse darauf legen, mit Apfelbeergelee garnieren.

Toggenburger Tuma Der Rotschmierkäse wird aus roher Jersey-Milch hergestellt. Die Milch der kleinen Kühe ist wesentlich eiweiß- und fettreicher als die unserer einheimischen Kuhrassen. Der Tuma repräsentiert wie der Vacherin Mont d'Or und der Toggenburger Försterkäse eine zukunftsweisende einheimische Käsekultur.

Tipp Die Apfelrösti kann auch als kleine Mahlzeit oder als Dessert serviert werden.

Mahlzeiten

Vanille-Couscous

1 EL Olivenöl extra vergine
200 g Couscous
2 dl / 200 ml heißes Wasser
oder heißer Fischfond
½ Vanilleschote
1 EL Butter
Salz

Apfelbeerensauce

1 EL in Öl eingelegte
Schalotten, Seite 147
1 dl / 100 ml Weißwein
oder
1 dl / 100 ml Apfelwein
40 g Apfelbeeren
Fleur de sel
Zitronenpfeffer
1½ dl / 150 ml Rahm / Sahne

Seeteufelfilet

Bratbutter / Butterschmalz
Vanilleschote vom Couscous
500 g Seeteufelfilet
Fleur de sel
frisch gemahlener
schwarzer Pfeffer
Reis- oder Weißmehl

Apfelbeeren für die Garnitur

Seeteufel

mit Apfelbeerensauce und Couscous

1 Für das Couscous das Olivenöl erhitzen, Couscous zugeben und unter Rühren kurz dünsten, mit dem heißen Wasser ablöschen, abgestreiftes Vanillemark unterrühren. Pfanne von der Wärmequelle nehmen, Couscous zugedeckt 5 Minuten ausquellen lassen, Butter unterrühren, abschmecken mit Salz. Couscous warm halten.

2 Für die Apfelbeerensauce Schalotten, Weißwein und Apfelbeeren aufkochen, mit Fleur de sel und Zitronenpfeffer würzen, die Flüssigkeit einkochen lassen. Rahm zufügen, aufkochen. Sauce mixen und durch ein Spitzsieb passieren.

3 Seeteufelfilet in 4 Portionen schneiden, mit Fleur de sel und Pfeffer würzen, im Reismehl wenden. Bratbutter und Vanilleschote in einer Bratpfanne erwärmen, Seeteufelfilets langsam beidseitig braten.

4 Einen runden Ausstecher von etwa 12 cm Durchmesser auf die vorgewärmten Teller legen, mit dem Couscous füllen, Ring entfernen. Seeteufelfilet auf dem Couscous anrichten, mit der Apfelbeerensauce umgießen, mit den Apfelbeeren garnieren.

1 EL Bratbutter / Butterschmalz
4 Jungentenbrüstchen, je 140–170 g
Fleur de sel
frisch gemahlener schwarzer Pfeffer
40 g Zucker
4 EL Wasser
½ dl / 50 ml Himbeer- oder Rotweinessig
1 dl / 100 ml Kalbs- oder
1 dl / 100 ml Geflügelfond
80 g ensteinte Kornelkirschen

Entenbrüstchen

mit Kornelkirschensauce

1 Backofen auf 80 °C vorheizen.

2 Fettschicht der Entenbrüstchen auf der Hautseite rautenförmig (siehe Bild) einschneiden, Brüstchen mit Salz und Pfeffer würzen, in einer Bratpfanne in der Bratbutter auf der Hautseite bei schwacher Hitze langsam 10 Minuten braten, wenden und auf der Fleischseite 30 Sekunden braten, auf den Gitterrost legen und im Backofen bei 80 °C rund 10 Minuten rosa garziehen lassen.

3 Den Zucker in die Fleischpfanne (nicht entfetten) streuen und karamellisieren, mit Wasser und Essig ablöschen, Flüssigkeit vollständig einkochen lassen, Kalbsfond beigeben, auf die Hälfte einkochen lassen, Kornelkirschen zugeben, die Sauce nach Belieben mit Salz und Pfeffer abschmecken.

4 Die Entenbrüstchen halbieren oder in Scheiben schneiden, auf vorgewärmten Tellern anrichten. Den ausgetretenen Fleischsaft zur Sauce geben, nochmals erhitzen, um das Fleisch verteilen.

Tipp Mit Grießgnocchi oder Polenta servieren.

2 EL Bratbutter / Butterschmalz
4 Maispoulardenschenkel / -keulen, je 200 g
Fleur de sel
frisch gemahlener schwarzer Pfeffer
1 mittelgroße Zwiebel, fein gewürfelt
4 Knoblauchzehen, ungeschält
1 EL Mehl
3 dl / 300 ml Rotwein
3 dl / 300 ml Geflügelfond oder Wasser
100 g Schlehen-/Schwarzdornbeeren oder
2 EL Schlehen-/Schwarzdornbeerengelee, Seite 137

1 EL Bratbutter / Butterschmalz
40 g Brotwürfelchen
20 g Rohessspeck, in Streifen

Geschmorter Poulardenschenkel

mit Schlehenbeerensauce

1 Schlehenbeeren über Nacht in Wasser einweichen.

2 Die Poulardenschenkel mit Fleur de sel und Pfeffer würzen, in einem Brattopf in der Bratbutter kräftig anbraten, Zwiebeln und Knoblauch beifügen und kurz mitbraten, mit Mehl bestäuben, mit dem Rotwein ablöschen und mit dem Geflügelfond auffüllen, Schlehenbeeren zufügen, 45 Minuten zugedeckt köcheln lassen. Poulardenschenkel aus der Sauce nehmen und warm stellen.

3 Die Sauce passieren, auf die gewünschte Konsistenz einkochen lassen. Schlehenbeerengelee jetzt beifügen, sofern keine Schlehenbeeren verwendet wurden. Poulardenschenkel wieder zur Sauce geben, aufkochen, warm halten.

4 Brotwürfelchen und Speck in der Butter braten, in einem Sieb abtropfen lassen, mit Küchenpapier abtupfen.

5 Poulardenschenkel mit der Sauce auf vorgewärmten Tellern anrichten, mit dem Brot-Speck-Mix garnieren.

Tipp Dieses Rezept ist ideal zum Aufwärmen.

Perlhuhnbrüstchen

auf Preiselbeer-Nudeln

Bratbutter / Butterschmalz
4 Perlhuhnbrüstchen mit Haut, je 160–180 g
Fleur de sel, schwarzer Pfeffer
1 EL in Öl eingelegte Schalotten, Seite 147
1 dl / 100 ml Weißwein, 2 dl Geflügelfond
1 dl / 100 ml Rahm / Sahne
4 EL frische Preiselbeeren oder
2 EL Preiselbeerchutney, Seite 146
500 g frische Nudeln

1 Perlhuhnbrüstchen würzen, in der Bratbutter auf der Hautseite 10 Minuten bei schwacher Hitze braten, Fleisch wenden und weitere 30 Sekunden braten. Fleisch auf einen Gitterrost legen, im vorgeheizten Ofen bei 80 °C 10 Minuten fertig garen.

2 Bratfond ohne Pfanne zu entfetten mit Weißwein ablöschen, Fond und Rahm zugeben, auf die Hälfte einkochen lassen, Preiselbeeren oder Preiselbeerchutney unterrühren, Sauce nach Belieben abschmecken.

3 Nudeln al dente kochen. Mit der Hälfte der Preiselbeersauce in den Kochtopf geben, vorsichtig mischen und erwärmen.

4 Nudeln anrichten. Fleisch aufschneiden, auf den Nudeln anrichten. Die restliche Sauce separat servieren oder um die Nudeln gießen.

Rehschnitzel

mit Berberitzen

Bratbutter / Butterschmalz
400–500 g Rehschnitzel
Feur de sel
frisch gemahlener schwarzer Pfeffer
1 dl / 100 ml Rotwein
2 dl / 200 ml Kalbs- oder Wildfond
20 g frische oder tiefgekühlte Berberitzen
  oder 2 EL Berberitzengelee
1 EL Zucker
2 EL Wasser

1 Rehschnitzel mit Fleur de sel und Pfeffer würzen, in der Bratpfanne in der Bratbutter auf beiden Seiten kurz sehr heiß braten. Rehschnitzel herausnehmen, warm stellen.

2 Bratfond ohne Pfanne zu entfetten mit Rotwein ablöschen, den Kalbsfond und drei Viertel der Berberitzenbeeren beigeben, Sauce auf die Hälfte einkochen lassen, durch ein Sieb passieren. Berberitzengelee erst ganz am Schluss unter die Sauce rühren.

3 Restliche Berberitzen mit dem Wasser und dem Zucker aufkochen.

4 Berberitzensauce auf vorgewärmte Teller verteilen, Rehschnitzel darauf anrichten, mit den Berberitzen garnieren.

Tipp Mit Spätzle servieren.

Variante Mit den bekannteren Preiselbeeren schmeckt das Gericht ebenso gut.

Bratbutter / Butterschmalz
1 Rehrückenfilet, 450 g
Fleur de sel
frisch gemahlener schwarzer Pfeffer
1 dl / 100 ml Rotwein
2 dl / 200 ml Kalbs- oder Wildfond
100 g Holunderbeeren oder
2 EL Holunderbeergelee, Seite 136
1 EL kalte Butter
1 EL Rotweinessig
1 EL Zucker

Rehrückenfilet

auf Holunderbeersauce

1 Backofen auf 80 °C vorheizen.

2 Das Rehrückenfilet mit Fleur de sel und Pfeffer würzen, in der Bratpfanne in der Bratbutter rundum anbraten. Rehrückenfilet auf einen Gitterrost legen, im Backofen bei 80 °C 10 Minuten rosa garziehen lassen.

3 Den Bratfond ohne die Pfanne zu entfetten mit dem Rotwein ablöschen, Kalbsfond beigeben, die Sauce auf die Hälfte einkochen lassen, Holunderbeeren oder Holunderbeergelee beigeben, erhitzen, Sauce mit der Butter aufmontieren (mit dem Schneebesen aufschlagen), mit Zucker (nur bei Holunderbeeren) und Essig abschmecken.

4 Das Rehrückenfilet aufschneiden, auf vorgewärmten Tellern anrichten. Ausgetretenen Fleischsaft zur Sauce geben, nochmals aufkochen, um das Fleisch verteilen.

Tipp Mit Spätzle servieren.

Desserts

Mahonienkompott
350 g Mahonien
150 g Zucker

für 20 Stück

Haselnusswaffeln
2 kleine Freilandeier
50 g Zucker
1 Prise Salz
75 g lauwarme flüssige Butter
1 dl / 100 ml Milch
75 g Weißmehl
50 g geriebene Haselnüsse
½ TL Backpulver

Puderzucker
Vanilleeis

Mahonienkompott

mit Haselnusswaffeln

1 Für die Haselnusswaffeln Eier, Zucker und Salz zu einer cremigen Masse aufschlagen, flüssige Butter und Milch unterrühren. Mehl, Haselnüsse und Backpulver mischen und unter die Eiermasse rühren. Den Teig 30 Minuten ruhen lassen.

2 Mahonien und Zucker ohne Flüssigkeit unter Rühren bei schwacher Hitze 3 Minuten kochen.

3 Haselnussteig in 4 Portionen teilen, im Waffeleisen Waffeln zu 5 Stück ausbacken.

Serviervorschlag Auf jeden Teller eine Haselnusswaffel legen, mit Mahonienkompott bestreichen, eine zweite Waffel darauflegen, mit Puderzucker bestäuben, eine Kugel Vanilleeis dazugeben.

für 8 Förmchen

2 Freilandeier
1 Eigelb
50 g Zucker
1 unbehandelte Zitrone, abgeriebene Schale
2 ½ dl / 250 ml heiße Milch
40 g Kornelkirschen, entsteint, grob gehackt

Zucker zum Bestreuen

Kornelkirschenkompott, Seite 138

Crème brûlée

mit Kornelkirschenkompott

1 Eier, Eigelb, Zucker und Zitronenschale zu einer cremigen, luftigen Masse aufschlagen, erhitzte Milch zugeben.

2 Die Kornelkirschen auf die Förmchen verteilen, mit der Eiercreme füllen. Im Steamer mit Dampf 30 Minuten bei 86 °C pochieren (Förmchen mit Klarsichtfolie verschließen). Oder Crème brûlée im Wasserbad (Förmchen in eine Gratinform stellen und diese bis auf drei Viertel Höhe mit Wasser füllen) im Ofen bei 200 °C 40 Minuten pochieren. Erkalten lassen. Förmchen kühl stellen.

3 Flans mit Zucker bestreuen, mit dem Bunsenbrenner karamellisieren. Kornelkirschenkompott separat servieren.

Hüppenteig
50 g Eiweiß
65 g Puderzucker
30 g Milch
25 g flüssige Butter
wenig abgeriebene Orangen- und Zitronenschale
65 g Weißmehl

Sorbets (Bild)
Sanddornsorbet, Seite 112
Sorbet von schwarzen Holunderbeeren, Seite 114
Sorbet von Johannisbeeren, Seite 113
Sorbet von schwarzen Johannisbeeren, Seite 113
Brombeerensorbet, Seite 113

Verzierung
dunkle Couverture
verschiedenfarbige Gelees

Wildbeerensorbets

1 Für den Hüppenteig das Eiweiß verquirlen, Puderzucker, Milch, Butter und Zitrusfruchtschalen zugeben und glattrühren, Mehl unterrühren.

2 Den Backofen auf 220 °C vorheizen.

3 Die Rückseite eines großen rechteckigen Backblechs mit Backpapier belegen. Den Hüppenteig mit einem Pinsel auftragen, d. h. 4 etwa 16 cm große Ovale ähnlich einer Malerpalette auf das Backpapier streichen, für den Griff eine Öffnung machen.

4 Das Backblech auf der zweituntersten Schiene in den Ofen schieben, Teigblätter bei 220 °C goldgelb backen. Aus dem Ofen nehmen und auf die Arbeitsfläche legen, kurz flach drücken.

5 Für die Verzierung die Couverture in einer kleinen Schüssel im warmen Wasserbad schmelzen. In eine kleine selbstgemachte Pergamentpapiertüte füllen, Spitze abschneiden, Teller mit der Schokolade verzieren, Konturen mit den Fruchtgelees füllen.

Apfelbeersorbet

ca. 250 g Apfelbeeren
1½ dl / 150 ml Wasser
75 g Zucker
35 g Puderzucker
1 g (1 Messbecher) Nestargel
(pflanzliches Bindemittel)
3 g Zitronensäure

1 Apfelbeeren mit dem Wasser aufkochen, 3 Minuten bei schwacher Hitze kochen, pürieren, durch ein Spitzsieb drücken. Erkalten lassen.

2 Zucker, Puderzucker, Nestargel und Zitonensäure mischen, Apfelbeerensaft (200 g) unter Rühren mit dem Schneebesen zugeben.

3 Sorbetmasse in der Eismaschine gefrieren lassen.

Zitronensäure Gibt dem Sorbet eine frische Note.

Sanddornsorbet

ca. 500 g Sanddorn
2 ½ dl / 250 ml Wasser, 200 g Zucker
1 g (1 Messbecher) Nestargel
(pflanzliches Bindemittel)

1 Sanddorn und Wasser aufkochen, 10 Minuten bei schwacher Hitze kochen, durch ein Spitzsieb drücken. Erkalten lassen.

2 Zucker mit Nestargel mischen, Sanddornsaft unter Rühren zugeben.

3 Sorbetmasse in der Eismaschine gefrieren lassen.

Maibeerensorbet

ca. 250 g Maibeeren, 1 dl / 100 ml Wasser
75 g Zucker, 35 g Puderzucker
1 g (1 Messbecher) Nestargel
(pflanzliches Bindemittel)
3 g Zitronensäure

1 Maibeeren mit dem Wasser pürieren, durch ein Spitzsieb streichen.

2 Zucker, Puderzucker, Nestargel und Zitronensäure mischen, Maibeerensaft (200 g) unter Rühren mit dem Schneebesen zugeben.

3 Sorbetmasse in der Eismaschine gefrieren lassen.

Zitronensäure Gibt dem Sorbet eine frische Note.

Brombeerensorbet

ca. 600 g Brombeeren
1 dl / 100 ml Wasser
200 g Zucker
2 g (2 Messbecher) Nestargel
(pflanzliches Bindemittel)
1 Msp Zitronensäure

1 Brombeeren mit dem Wasser aufkochen, durch ein Spitzsieb streichen. Erkalten lassen.

2 Zucker, Nestargel und Zitronensäure mischen, Brombeersaft (400 g) unter Rühren mit dem Schneebesen zugeben.

3 Sorbetmasse in der Eismaschine gefrieren lassen.

Zitronensäure Gibt dem Sorbet eine frische Note.

Sorbet von roten und weißen Johannisbeeren

600 g Johannisbeeren
1 dl / 100 ml Wasser
200 g Zucker
2 g (2 Messbecher) Nestargel

1 Johannisbeeren mit dem Wasser pürieren, durch ein Spitzsieb streichen.

2 Zucker und Nestargel mischen, Johannisbeersaft (400 g) unter Rühren mit dem Schneebesen zugeben.

3 Sorbetmasse in der Eismaschine gefrieren lassen.

Heidelbeerensorbet

ca. 500 g Heidelbeeren
1 dl / 100 ml Wasser
200 g Zucker
2 g (1 Messbecher) Nestargel
1 Msp Zitronensäure oder
Saft einer Zitrone

1 Heidelbeeren und Wasser mixen, durch das Spitzsieb drücken.

2 Zucker, Nestargel und Zitronensäure mischen, Heidelbeersaft (400 g) unter Rühren mit dem Schneebesen zugeben.

3 Sorbetmasse in der Eismaschine gefrieren lassen.

Zitronensäure / Zitronensaft Geben dem Sorbet eine frische Note.

Sorbet von schwarzen Holunderbeeren

2 ½ dl / 250 ml Holunderbeersirup, Seite 132
1 dl / 100 ml Wasser
1 g (1 Messbecher) Nestargel
1 Zitrone, Saft

1 Alle Zutaten verrühren.

2 Sorbetmasse in der Eismaschine gefrieren lassen.

Sorbet von roten und weißen Holunderbeeren

Der rote und weiße Holunder haben einen anderen Geschmack als der schwarze Holunder. Sirup und Sorbet können aber nach gleichem Rezept zubereitet werden. Die Kerne müssen stets entfernt werden.

Schlehensorbet

600 g Schlehen-/Schwarzdornbeeren
2 ½ dl / 250 ml Wasser
200 g Zucker
1 g (1 Messbecher) Nestargel

1 Schlehen waschen, in eine Schüssel geben und knapp mit Wasser bedecken. Über Nacht in den Kühlschrank stellen. Die Früchte platzen so auf und lösen sich besser vom Stein. Das Einweichwasser weggießen.

2 Schlehen mit dem Wasser (2 ½ dl / 250 ml) aufkochen, 10 Minuten bei schwacher Hitze köcheln, durch ein Spitzsieb passieren. Erkalten lassen.

3 Zucker und Nestargel mischen, Schlehensaft (250 g) unter Rühren mit dem Schneebesen zugeben.

4 Sorbetmasse in der Eismaschine gefrieren lassen.

Himbeerensorbet

ca. 500 g Himbeeren
1 dl / 100 ml Wasser
200 g Zucker
2 g (2 Messbecher) Nestargel
1 Msp Zitronensäure oder
Saft einer Zitrone

1 Himbeeren und Wasser mixen, durch das Spitzsieb streichen.

2 Zucker, Nestargel und Zitronensäure mischen, Himbeersaft (400 g) unter Rühren mit dem Schneebesen zugeben.

3 Sorbetmasse in der Eismaschine gefrieren lassen.

Zitonensäure / Zitronensaft Geben dem Sorbet eine frische Note.

Maibeerensorbet

mit Mandelwaffeln

für 20 Stück

Mandelwaffeln
2 kleine Freilandeier
50 g Zucker
1 Prise Salz
75 g lauwarme flüssige Butter
1 dl / 100 ml Milch
75 g Weißmehl
50 g geriebene Mandeln
½ TL Backpulver

1 Rezeptmenge Maibeerensorbet, Seite 112

Puderzucker
Beeren für die Garnitur

1 Für die Mandelwaffeln Eier, Zucker und Salz cremig aufschlagen, flüssige Butter und Milch unterrühren. Mehl, Mandeln und Backpulver mischen, unter die Eiermasse rühren. Den Teig 30 Minuten ruhen lassen.

2 Den Mandelteig in 4 Portionen teilen, im Waffeleisen Waffeln zu 5 Stück backen.

3 Auf jeden Teller eine Mandelwaffel legen, eine Kugel Maibeerensorbet daraufsetzen, mit einer zweiten Mandelwaffel zudecken, mit Puderzucker bestäuben, mit Maibeeren garnieren.

Mahonien-Sauerrahm-Eis

im Hüppenkörbchen

für 8 bis 10 Portionen

Mahonien-Sauerrahm-Eis
ca. 250 g Mahonien
2 ½ dl / 250 ml Wasser
450 g Sauerrahm / saure Sahne, 250 g Zucker
½ dl / 50 ml Zitronensaft (1 Zitrone)
2 g (2 Messbecher) Nestargel (fakultativ)
Hüppenteig, Seite 110

1 Für das Mahonieneis Mahonien mit dem Wasser pürieren, durch ein Spitzsieb streichen. Sauerrahm, Zucker und Mahoniensaft (400 g) glattrühren, Zitronensaft und Nestargel unterrühren. In der Eismaschine gefrieren lassen.

2 Für die Hüppenkörbchen die Rückseite eines großen rechteckigen Backblechs mit Backpapier belegen. Hüppenteig mit einem Pinsel auftragen, etwa 16 cm große Rondellen auf das Backpapier streichen. Blech auf der zweituntersten Schiene in den Ofen schieben, die Rondellen bei 220 °C goldgelb backen. Rondellen aus dem Ofen nehmen und sofort über eine umgekehrte Tasse legen und kurz andrücken.

Eis-Variationen Nach gleichem Rezept kann auch aus anderen roh essbaren Beeren mit kräftigem Geschmack (Himbeeren, Walderdbeeren, Brombeeren, Johannisbeeren, Heidelbeeren usw.) ein Eis zubereitet werden.

Holunderbeersirup-Sauerrahm-Eiscreme

für 8 bis 10 Portionen

450 g Sauerrahm / saure Sahne oder saurer Halbrahm
4 dl / 400 ml Holunderbeersirup, Seite 132
½ dl / 50 ml Zitronensaft (1 Zitrone)
2 g (2 Messbecher) Nestargel

1 Sauerrahm, Holunderbeersirup und Zitronensaft glattrühren, Nestargel unterrühren

2 Eiscreme in der Eismaschine gefrieren lassen.

Variante Wenn kein Sirup verfügbar ist, kann er durch 250 g Zucker, 3 ½ dl/350 ml Milch, Saft und wenig abgeriebene Schale einer Zitrone ersetzt.

Rezept Superschnell und einfach! Effekt und Geschmack sind ganz speziell und das Eis vielseitig verwendbar.

Mini-Gipfel mit Mispel-Haselnuss-Füllung

für 8 Gipfel

100 g Butterblätterteig
50 g Mispelchutney, Seite 146
50 g geriebene Haselnüsse
1 Eigelb

Glasur
1 EL Puderzucker, 1 EL Zitronensaft

1 Für die Füllung die geriebenen Haselnüsse unter das Mispelchutney rühren.

2 Den Backofen auf 200 °C vorheizen.

3 Den Butterblätterteig zu einem Rechteck von 10 cm Breite und 40 cm Länge und 2 bis 3 mm Dicke ausrollen. 4 Quadrate von 10 cm Seitenlänge schneiden und diese diagonal in Dreiecke schneiden. Dreiecke mit Eigelb bestreichen. Mispelfüllung darauf verteilen. Dreiecke von der Längsseite her einrollen, Gipfel formen, auf ein mit Backpapier belegtes Blech legen, mit dem Eigelb bestreichen.

4 Backblech auf der zweituntersten Schiene in den vorgeheizten Ofen schieben, Gipfel bei 200 °C 10 Minuten backen.

5 Für die Glasur Puderzucker und Zitronensaft verrühren, die noch heißen Gipfel damit einpinseln. Oder die Gipfel einfach nur mit Puderzucker bestäuben.

Crêpeteig
1 Freilandei
1 Prise Salz
1 dl / 100 ml Milch
45 g Weißmehl
20 g flüssige Butter oder Haselnussöl

Hagebuttenkonfitüre, Seite 144
2 ungespritzte offene Rosenblüten
Zitronenmelisse oder Minze
Puderzucker
Scheinquittengelee, Seite 134

Crêpes

mit Hagebuttenfüllung

1 Für den Crêpeteig Ei, Salz und Milch verquirlen, Mehl zugeben und zu einem flüssigen Teig rühren, flüssige Butter unterrühren (wenn der Teig Butter / Öl enthält, muss die Pfanne nicht eingefettet werden). 15 Minuten ruhen lassen.

2 Eine nicht klebende Brat- oder Crêpepfanne aufheizen, den Teig in 4 Portionen in die Pfanne geben und durch Bewegen gleichmäßig dünn auf dem Pfannenboden verteilen, Crêpes auf beiden Seiten kurz backen. Crêpes auf einem Teller stapeln, zugedeckt kalt stellen.

3 Rosenblütenblätter abzupfen, weißen Blattansatz (enthält Bitterstoffe) abschneiden, die Blütenblätter in Streifen schneiden. Zitronenmelisse- oder Minzeblätter abzupfen und in Streifen schneiden. Beides mit Puderzucker mischen.

4 Crêpes mit der Hagebuttenkonfitüre bestreichen, einrollen, in 4 bis 5 Portionen schneiden, auf Tellern anrichten, mit Blütenblattstreifchen und Scheinquittengelee garnieren.

Tipp Eine Kugel Vanilleeis macht aus diesem einfachen Dessert einen Festtagsschmaus.

Wildapfelmus

500 g rote Wildäpfel

1 kg Boskop oder ein anderer säuerlicher Apfel

2 dl / 200 ml Grenadinesirup

1½ dl / 150 ml Wasser

Rotwein-Wildäpfel

200 g Wildäpfel mit Stiel

2–3 dl / 200–300 ml kräftiger Rotwein

½ Orange, Saft

2 EL Rohrohrzucker

1 Vanilleschote, aufgeschnitten

2 schwarze Pfefferkörner

Rahm / Sahne oder saurer Halbrahm / saure Sahne

Rotes Wildapfelmus

mit Wildäpfeln in Rotweinsirup

1 Für das Wildapfelmus die Wildäpfel halbieren. Äpfel ungeschält vierteln, Kerngehäuse entfernen. Alle Zutaten in einen großen Topf geben, aufkochen, 15 Minuten köcheln lassen, durch ein nicht zu feines Spitzsieb passieren.

2 Für die Rotweinäpfel die Wildäpfel schälen, den Stiel an der Frucht belassen. Rotwein, Orangensaft, Zucker und Gewürze aufkochen, Wildäpfel zugeben, bei schwacher Hitze etwa 20 Minuten köcheln lassen. Wildäpfel im Fond erkalten lassen.

3 Das Wildapfelmus auf kleine Schalen verteilen, Wildäpfel und ein wenig Rotweinfond daraufgeben, mit wenig Rahm oder Sauerrahm umgießen.

Tipp Zum Haltbarmachen Wildapfelmus und ganze Wildäpfel kochend heiß in Vorratsgläser füllen.

für 6–8 Personen

Mousse

ca. 350 g Sanddorn
(150 g Saft)
3 ½ dl / 350 ml Wasser
90 g Zucker
1 ½ Gelatineblätter
2 ½ dl / 250 ml Rahm / Sahne
½ Zitrone, Saft

Wildbeerkompott je nach Saison: auf dem Bild sind Sanddornkompott, (Seite 140), Kornelkirschenkompott (Seite 138), Mahonienkompott, (Seite 106), Rotwein-Wildäpfel (Seite 122), Heidelbeeren, zweierlei Johannisbeeren

Sanddorngelee, Seite 137
Minzezweiglein

Sanddornmousse

mit Wildbeerkompott

1 Sanddorn und Wasser aufkochen, 3 Minuten kochen, Topfinhalt pürieren und durch ein Spitzsieb streichen.

2 100 g Sanddornsaft mit dem Zucker in einem Topf erhitzen, bis sich der Zucker aufgelöst hat, eingeweichte Gelatine zufügen und auflösen, handwarm abkühlen lassen. Rahm steif schlagen, mit restlichem Sanddornsaft (50 g) und Zitronensaft unterrühren, lauwarme Sanddorncreme unterheben. Sanddornmousse in einer Schale kühl stellen.

3 Sanddornmousse mit einem Eisportionierer oder mit einem Esslöffel portionieren, anrichten, mit Wildbeerkompott umgeben, mit Tupfen von Sanddorngelee und Minze garnieren.

Zitronentörtchen

mit Maibeeren

für 8–10 Personen

Sabléteig

50 g weiche Butter, 50 g Zucker, 100 g Weißmehl, 2 g Backpulver, 1 verquirltes Freilandei

Zitronencreme

125 g Zucker, 150 g Butter, 2 Freilandeier
2 unbehandelte Zitronen, feine Zesten und Saft

Maibeeren für die Garnitur

1 Für den Teig Butter und Zucker cremig aufschlagen. Mehl und Backpulver mischen, unterrühren. Ei zugeben, rasch zu einem Teig zusammenfügen. Teig in Klarsichtfolie einwickeln, mindestens 2–3 Stunden kühl stellen.

2 Teig auf bemehlter Arbeitsfläche dünn ausrollen, 8–10 Rondellen ausstechen, die 2 cm über den Förmchenrand reichen. Teigrondellen in die eingefetteten Förmchen legen. Im vorgeheizten Ofen bei 180 °C 7–9 Minuten backen. Aus den Förmchen nehmen. Erkalten lassen.

3 Für die Creme Zutaten in einem hohen Pfännchen mit dem Gummischaber unter Rühren unter dem Kochpunkt erhitzen. Die Creme darf nur köcheln. Durch ein Sieb in eine Schüssel passieren, erkalten lassen.

4 Teigböden mit der Creme füllen. Garnieren.

Schaumköpfchen

mit schwarzer Wildbeergrütze

Schaumköpfchen

1 Ei
1 EL Wasser
½ Vanilleschote, aufgeschnitten
30 g Zucker, 2 ½ eingeweichte Gelatineblätter
1 ½ dl / 150 ml Rahm / Sahne

Schwarze Wildbeergrütze

250 g gemischte schwarze Beeren, je nach Saison Waldbrombeeren, schwarze Holunderbeeren, Apfelbeeren
50 g Zucker
1 dl/100 ml Rotwein
1 TL Maisstärke
Minze für die Garnitur

1 Für das Schaumköpfchen Ei, Wasser, Zucker und abgestreiftes Vanillemark in eine Schüssel geben, Creme im warmen Wasserbad mit dem Schneebesen luftig aufschlagen, ausgedrückte Gelatine unterrühren, Vanillecreme im Eiswasser unter ständigem Rühren erkalten lassen. Rahm steif schlagen und unterziehen. Schaummasse in Kaffeetassen oder Förmchen füllen, mindestens 2 Stunden kühl stellen.

2 Zutaten für die Grütze unter Rühren erhitzen, 3 Minuten leicht köcheln, auskühlen lassen.

3 Die Wildbeergrütze auf Suppenteller oder Schalen verteilen. Schaumköpfchen auf die Grütze stürzen. Mit Minze garnieren.

Vorratshaltung Wildbeergrütze kochend heiß in Vorratsgläser füllen.

Alter Parmesan

mit Mispelchutney

4 gehäufte EL Mispelchutney, Seite 146
200 g alter Parmesan oder Sbrinz
Birnenwecken mit Mispeln und Nüssen, Seite 88

Das Mispelchutney klößchenartig auf Tellern anrichten. Parmesan abstechen und danebenlegen. Dazu den Birnenwecken mit Mispeln und Nüssen servieren.

Tipp Das Rezept kann auch als Vorspeise oder kleine Mahlzeit serviert werden.

Holderprägel

mit Toggenburger Försterkäse

4 Scheiben Toggenburger Försterkäse oder Bergfichtenkäse, je 40 g
Kürbiskerne
1 EL Baumnussöl / Walnussöl
1 EL Kürbiskernöl

Holderprägel
60 g Weißbrotwürfelchen
60 g Holunderbeeren
60 g Zucker, 1 EL Butter

1 Eine Bratpfanne stark erhitzen, Holunder, Brotwürfelchen und Zucker gleichzeitig in die Bratpfanne geben und unter kräftigem Bewegen Farbe annehmen lassen, nach 30 Sekunden die Butter beifügen, weitere 30 Sekunden dünsten. Das Braten / Sautieren muss sehr schnell gehen und bei hoher Temperatur.

2 Holderprägel mit Hilfe eines Ausstechringes auf vorgewärmten Tellern anrichten, Käsescheiben darauflegen, mit Kürbiskernen, Kürbiskernöl und Baumnussöl garnieren.

Tipps Einen Teil der Kürbiskerne durch Baumnuss- / Walnusskerne ersetzen. Das Rezept kann auch als kleine Mahlzeit serviert werden.

Eingemachtes

Sirup – Grundrezept

1 kg Beeren
1 l Wasser
1 ½ kg Zucker je Liter Beerensaft

1 Beeren und Wasser aufkochen, maximal 5 Minuten bei schwacher Hitze kochen.

2 Den Topfinhalt durch ein Spitzsieb passieren, die Fruchtrückstände sanft ausdrücken.

3 Beerensaft und Zucker aufkochen und auf die gewünschte Konsistenz einkochen.

4 Wildbeersirup kochend heiß in Flaschen mit Schraubverschluss oder Bügel füllen, sofort verschließen.

Schwarzer Holunderbeersirup

1,3 kg Holunderdolden (ca. 1 kg Beeren); ergibt 330 g Saft
1 dl / 100 ml Wasser
500 g Zucker
1 TL Zitronensäure

1 Holunderdolden waschen, Beeren ablesen.

2 Holunderbeeren und Wasser aufkochen, bei schwacher Hitze 10 Minuten köcheln lassen. Den Topfinhalt durch ein Spitzsieb passieren, die Fruchtrückstände sanft ausdrücken.

3 Holunderbeersaft, Zucker und Zitronensäure aufkochen, auf die gewünschte Konsistenz einkochen.

4 Holunderbeersirup kochend heiß in Flaschen mit Schraubverschluss oder mit Bügel füllen, sofort verschließen.

Mispelgelee

130 g Mispelmus (ohne Zucker),
Seite 144
2 ½ dl / 250 ml Wasser
500 g Gelierzucker
2 g Zitronensäure

1 Alle Zutaten aufkochen, unter Rühren 4 Minuten sprudelnd kochen.

2 Mispelgelee kochend heiß in Gläser mit Schraubverschluss füllen, sofort verschließen.

Zitronensäure Sie gibt dem Gelee eine angenehme Säure.

Scheinquitten-gelee

500 g Scheinquitten
1 l Wasser, 500 g Gelierzucker

1 Scheinquitten vierteln und entkernen.

2 Fruchtviertel mit dem Wasser aufkochen, Scheinquitten bei schwacher Hitze 30 Minuten kochen. Topfinhalt in ein Sieb abgießen, den Saft ohne Druck ablaufen lassen und auffangen.

3 Scheinquittensaft wiegen / abmessen. Es sollen 375 g / 3 ¾ dl / 375 ml Saft sein, bei Bedarf einkochen lassen. Gelierzucker zugeben, unter Rühren 4 Minuten sprudelnd kochen.

4 Das Scheinquittengelee kochend heiß in Gläser mit Schraubverschluss füllen, sofort verschließen.

Scheinquitte Das Fruchtfleisch ist säuerlich und hat einen leicht bitteren Geschmack. Abgeschwächt werden kann das, wenn man die Scheinquitten mit der gleichen Menge Quitten mischt. Den Flaum der Quitten zuerst mit einem trockenen Tuch abreiben.

Apfelbeergelee

500 g Apfelbeeren
3 dl / 300 ml Wasser
500 g Gelierzucker

1 Die Apfelbeeren mit dem Wasser aufkochen und bei schwacher Hitze 3 Minuten kochen, mixen / pürieren. Fruchtpüree durch ein Spitzsieb passieren.

2 Apfelbeersaft (ca. 3 ¾ dl / 375 ml) mit dem Gelierzucker aufkochen, unter Rühren 4 Minuten sprudelnd kochen.

3 Das Apfelbeergelee kochend heiß in Gläser mit Schraubverschluss füllen, sofort verschließen.

Holunderbeergelee

500 g schwarze Holunderbeeren
3 dl / 300 ml Wasser
500 g Gelierzucker

1 Die Holunderbeeren mit dem Wasser mixen, aufkochen, bei schwacher Hitze 3 Minuten kochen, mixen / pürieren. Fruchtpüree durch ein Spitzsieb passieren.

2 Holunderbeersaft (3 ¾ dl / 375 ml) und Gelierzucker aufkochen, unter Rühren 4 Minuten sprudelnd kochen.

3 Holunderbeergelee kochend heiß in Gläser mit Schraubverschluss füllen, sofort verschließen.

Varianten Gleiche Zubereitung für rote und weiße Holunderbeeren.

Sanddorngelee

350 g Sanddornsaft,
siehe Grundrezept Sirup, Seite 132
500 g Gelierzucker

1 Sanddornsaft mit dem Gelierzucker aufkochen, unter Rühren 4 Minuten sprudelnd kochen.

2 Das Sanddorngelee kochend heiß in Gläser mit Schraubverschluss füllen, sofort verschließen.

Schlehengelee

600 g Schlehen-/Schwarzdornbeeren
6 dl / 600 ml Wasser

2 ½ dl / 250 ml Schlehen-/Schwarzdornsaft
1 ¼ dl / 125 ml Wasser
500 g Gelierzucker

1 Schlehen waschen. In eine Schüssel geben und knapp mit Wasser bedecken. Über Nacht in den Kühlschrank stellen. Die Früchte platzen während dieser Zeit auf, wodurch sich das Fruchtfleisch leichter vom Stein löst. Das Einweichwasser weggießen.

2 Schlehen und Wasser (6 dl/600 ml) aufkochen und 10 Minuten bei schwacher Hitze köcheln. Topfinhalt durch ein Spitzsieb passieren, die Fruchtrückstände sanft ausdrücken.

3 Schlehensaft, Wasser und Gelierzucker aufkochen, unter Rühren 4 Minuten sprudelnd kochen.

4 Das Schlehengelee kochend heiß in Gläser mit Schraubverschluss füllen, sofort verschließen.

Kornelkirschen-kompott mit Stein

500 g Kornelkirschen
1 dl / 100 ml Wasser
200 g Gelierzucker
2 g Zitronensäure

1 Alle Zutaten in einen Topf geben und aufkochen, bei schwacher Hitze zugedeckt 5 Minuten kochen.

2 Kornelkirschenkompott kochend heiß in Gläser mit Schraubverschluss füllen, sofort verschließen.

Haltbarkeit Im Kühlschrank 1 Monat haltbar.

Zum Rezept Dank dem Gelierzucker (anstelle von weißem Zucker) kann die Zuckermenge reduziert werden.

Kornelkirschen-kompott ohne Stein

500 g Kornelkirschen
½ dl / 50 ml Wasser
100 g Zucker

1 Kornelkirschen entsteinen; ergibt etwa 350 g Früchte.

2 Alle Zutaten in einen Topf geben und aufkochen, bei schwacher Hitze zugedeckt 5 Minuten kochen.

3 Kornelkirschenkompott kochend heiß in Gläser mit Schraubverschluss füllen, sofort verschließen.

Sauerkirschen-kompott

500 g Sauerkirschen, entsteint
1 dl / 100 ml Wasser
250 g Gelierzucker
2 g Zitronensäure

1 Alle Zutaten in einen Topf geben, aufkochen, bei schwacher Hitze zugedeckt 3 Minuten kochen.

2 Das Sauerkirschenkompott kochend heiß in Gläser mit Schraubverschluss füllen, sofort verschließen.

Haltbarkeit Im Kühlschrank 1 Monat haltbar.

Tipp Mit Sauerrahmeis, Seite 118, servieren.

Sanddornbeeren-kompott

500 g Sanddornbeeren
1 dl / 100 ml Wasser
250 g Gelierzucker
2 g Zitronensäure

1 Alle Zutaten in einen Topf geben, aufkochen, bei schwacher Hitze zugedeckt 3 Minuten kochen.

2 Das Sanddornbeerenkompott kochend heiß in Gläser mit Schraubverschluss füllen, sofort verschließen.

Haltbarkeit Im Kühlschrank 1 Monat haltbar.

Zum Rezept Dank dem Gelierzucker (anstelle von weißem Zucker) kann die Zuckermenge reduziert werden.

- 500 g rote Wildäpfel mit Stiel
- 1 ½ dl / 150 ml Rotwein
- 1 ½ dl / 150 ml Weißwein
- 2 dl / 200 ml Wasser
- 2 ½ dl / 250 ml Gelierzucker
- 1 Vanilleschote, aufgeschnitten

Rote Wildäpfel

in Rotweinsirup

1 Den Stiel an der Frucht belassen, die Wildäpfel vorsichtig schälen.

2 Rot- und Weißwein, Wasser, Gelierzucker und Vanilleschote aufkochen, Wildäpfel zugeben, bei schwacher Hitze zugedeckt 5 Minuten köcheln lassen.

3 Die Wildäpfel in Vorratsgläser füllen. Sirup nochmals erhitzen, die Gläser bis unter den Rand füllen, sofort verschließen.

Haltbarkeit Im Kühlschrank mindestens 1 Monat haltbar.

Zum Rezept Dank dem Gelierzucker (anstelle von weißem Zucker) kann die Zuckermenge reduziert werden.

Mispelmus

500 g Mispeln,
nach dem ersten Frost geerntet
100 g Zucker je 200 g Püree

1 Die Mispeln waschen, das Fruchtfleisch aus der Schale drücken, mit ein wenig Wasser übergießen (das Fruchtfleisch ist sehr kompakt und lässt sich ohne ein wenig Wasser nicht durch das Sieb streichen.

2 Die Fruchtrückstände im Sieb (Kerne) in einen Topf geben und knapp mit Wasser bedecken, aufkochen, das Ganze 10 Minuten bei schwacher Hitze kochen, durch ein Sieb streichen.

3 Die beiden Mispelpürees mit dem Zucker aufkochen, 10 Minuten bei schwacher Hitze köcheln lassen.

4 Mispelpüree kochend heiß in Vorratsgläser füllen, sofort verschließen.

Hagebutten-konfitüre

500 g Hagebutten
½ l Wasser

ca. 150 g Hagebuttenmark
ca. ½ dl / 50 ml Wasser
150 g Gelierzucker
4 g Zitronensäure

1 Hagebutten waschen, in einen Topf geben und mit Wasser bedecken, aufkochen, bei schwacher Hitze zugedeckt 10 Minuten kochen. Topfinhalt mixen / cuttern, durch ein Sieb streichen oder durch das Passevite drehen. So bekommt man etwa 150 g Hagebutten-mark.

2 Hagebuttenmark mit Wasser auf 200 g ergänzen, mit Gelierzucker und Zitronensäure aufkochen und unter Rühren 4 Minuten sprudelnd kochen.

3 Hagebuttenkonfitüre kochend heiß in Gläser mit Schraubverschluss füllen, sofort verschließen.

Mispelchutney

500 g Mispeln,
nach dem ersten Frost geerntet
160 g Zitronenwürfelchen
250 g Zucker

1 Mispeln waschen, Fruchtfleisch aus der Schale drücken und durch ein Sieb streichen. Mit Wasser übergießen.

2 Die Rückstände im Sieb (Kerne) in einen Topf geben und knapp mit Wasser bedecken, aufkochen, 10 Minuten bei schwacher Hitze köcheln lassen, durch ein Sieb streichen.

3 Die beiden Pürees mit Zitronenwürfelchen und Zucker unter Rühren aufkochen, bei schwacher Hitze 20 Minuten köcheln lassen.

4 Das Mispelchutney kochend heiß in Gläser mit Schraubverschluss füllen und sofort verschließen.

Chutney von Johannisbeeren

500 g rote oder weiße Johannisbeeren
75 g Zwiebeln, in feinen Scheiben
10 g frisch geriebener Ingwer
75 g Zucker
5 g Salz
5 g Tropic-Pfeffer-Mischung
3 dl / 300 ml Rot- oder Weißweinessig,
je nach Beeren
½ Chilischote, gehackt,
oder Cayennepfeffer

1 Alle Zutaten aufkochen, bei schwacher Hitze 5 Minuten köcheln lassen, in ein Sieb abgießen und den Saft auffangen.

2 Aufgefangenen Johannisbeersaft sirupartig einkochen, Beerenmix zufügen, nochmals erhitzen.

3 Johannisbeerchutney kochend heiß in Gläser mit Schraubverschluss füllen, sofort verschließen.

Preiselbeerchutney

Siehe Johannisbeerchutney

Chutney von Wildpflaumen

500 g Wildpflaumen, entsteint
75 g Zwiebeln, in feinen Scheiben
10 g frischer geriebener Ingwer
75 g Zucker
5 g Salz
5 g Szechuanpfeffer
½ Chili, gehackt,
oder Cayennepfeffer

1 Alle Zutaten aufkochen, bei schwacher Hitze 5 Minuten köcheln lassen, in ein Sieb abgießen und den Saft auffangen.

2 Aufgefangenen Pflaumensaft sirupartig einkochen, Pflaumenmix zufügen, nochmals erhitzen.

3 Wildpflaumenchutney kochend heiß in Gläser mit Schraubverschluss füllen, sofort verschließen.

In Öl eingelegte Schalotte

200 g Schalotten oder
2 mittelgroße Zwiebeln
1 ½ dl / 150 ml Erdnussöl

1 Schalotten schälen und sehr fein hacken.

2 Schalotten und Erdnussöl in einen kleinen Topf geben und unter öfterem Rühren mit dem Holzlöffel 10 Minuten bei schwacher Hitze dünsten. Auskühlen lassen.

Tipp Die in Öl eingelegten Schalotten sind unentbehrliche Geschmacksträger. Damit man sie nicht für jedes Rezept frisch zubereiten muss und dabei erst noch tränende Augen bekommt, stellt man sie auf Vorrat her. Ausgekühlte Schalotten in ein Glas mit Schraubverschluss füllen. Sie sind im Kühlschrank 3 bis 4 Wochen haltbar. Die Mise en place hat den Vorteil, dass die Schalotten bereits gar sind und so auf die Kochzeit einer Speise keinen Einfluss haben. Für das Einlegen in Öl eignet sich das geschmacksneutrale Erdnussöl am besten.

Sanddornmayonnaise

1 kleines Freilandei
2 EL Wasser
¾ dl / 75 ml ungesüßter Sanddornsaft
½ TL Zitronenpfeffer
½ TL Salz
1 dl / 100 ml Traubenkernöl
½ dl / 50 ml Limonen-Olivenöl

Ei, Wasser und Sanddornsaft verquirlen, würzen, Öle mit dem Schneebesen tropfenweise unterschlagen.

Variante Mayonnaise im Mixerglas zubereiten; das geht schnell und ist einfach: Ei, Sanddornsaft und Gewürze ins Mixerglas geben, Öle bei laufender Maschine nach und nach zugeben.

Mispelketchup

100 g Zucker
1 ¼ dl / 125 ml Rotwein- oder Himbeeressig
500 g sehr reife Tomaten, grob zerkleinert
300 g Mispelmus, Seite 144 (Punkt 1 und 2)
50 g Hagebuttenmark ohne Zucker, Seite 144
1 kleine Zwiebel, in feinen Scheiben
3 Knoblauchzehen, Keimling entfernt, Zehen zerdrückt
50 g Grenadinesirup
1 Prise Chilipulver
1 EL Meersalz
1 Prise chinesisches 5-Gewürze-Pulver
2 g (2 Messbecher) Nestargel, nach Belieben

1 Zucker im Kochtopf hellbraun karamelisieren, mit Essig ablöschen, restliche Zutaten und Gewürze zugeben, aufkochen, mit Nestargel binden oder auf die gewünschte Konsistenz einkochen. Frucht-Tomaten-Masse mixen, durch ein Spitzsieb streichen.

2 Ketchup nochmals erhitzen, in Flaschen mit Schraubverschluss oder Bügel füllen, sofort verschließen.

Tipp Das «falsche Ketchup» zu Schnitzel und Pommes frites servieren oder als Basis für Saucen und Dips verwenden.

Süßsaure Wildbeersauce

3 EL Traubenkernöl
2 Knoblauchzehen, Keimling entfernt, Zehen gehackt
1 EL in Öl eingelegte Schalotten, Seite 147
80 g Sanddornsaft
80 g Himbeermark (pürierte, passierte Himbeeren)
0,6 dl / 60 ml Weißweinessig
20 g Zucker
1 Prise Salz
60 g Hagebuttenkonfitüre, Seite 144
50 g Sojasauce
10 g Worcestersauce
1 TL Mais- oder Kartoffelstärke
1 Msp Cayennepfeffer

1 Gehackten Knoblauch im Öl andünsten, übrige Zutaten zugeben, aufkochen, 5 Minuten bei schwacher Hitze köcheln.

2 Süßsaure Wildbeersauce kochend heiß in Gläser / Flaschen mit Schraubverschluss füllen.

Sauce von schwarzen Holunderbeeren

½ l kräftiger Rotwein, z. B. Syrah
1 EL in Öl eingelegte Schalotten, Seite 147
1 Prise Meersalz
½ l Kalbsfond, selbstgemacht oder gekauft
75 g schwarze Holunderbeeren
1 EL Mais- oder Kartoffelstärke
50 g schwarze Holunderbeeren, für die Einlage
1 EL Zucker
wenig Rotweinessig

1 Rotwein mit Schalotten und Salz ganz einkochen lassen, Kalbsfond und schwarze Holunderbeeren beifügen. Maisstärke mit wenig Wasser glattrühren, zur Sauce geben und diese leicht binden. Etwa 10 Minuten köcheln lassen. Holunderbeersauce durch ein Spitzsieb passieren.

2 Holunderbeersauce aufkochen, Holunderbeeren beigeben, mit Zucker und Rotweinessig abschmecken.

Tipp Sauce portionsweise tiefkühlen.

Register

A
Abführend 27, 28, 38, 56, 60, 69
Adipositas 41
Alkohol, einlegen 39, 53
Amelanchier laevis 32
Amelanchier lamarckii 32
Amelanchier ovalis 32
Antibiotikum 24, 35
Antiseptikum 35
Apfel 74, 84, 90, 122
Apfelbeere 8, 22, 90, 94, 113, 126, 136
Appetit, anregend 24, 59
Arctostaphylos uva-ursi 35
Aronia arbutifolia 22
Aronia melanocarpa 22
Attich 38
Augenentzündung 27
Augenschmerzen 36

B
Bärentraube 35
Berberis vulgaris 24
Berberitze 24, 100
Bindegewebe, stärkend 27
Blasenleiden 35
Blatt, Brombeer- 27
Blatt, Heidelbeer- 35
Blatt, Himbeer- 36
Blatt, Holunder- 39
Blatt, Kornelkirschen- 44
Blatt, Rosenblüten- 69, 70, 86, 120
Blatt, Schlehen- 58
Blatt, Weißdorn- 63
Blüte, Holunder- 39
Blüte, Kornelkirschen- 44
Blüte, Schlehen- 58, 59
Blüte, Weißdorn- 63
Bluthochdruck 32, 40
Blutpflaume 65
Blutreinigung 27, 36, 39, 40, 59
Blutzucker, senkend 27, 35, 54
Bowle 70
Brombeere 26, 113, 116, 126
Bronchitis 28

C
Cassisbeere 40
Chaenomeles japonica 54
Chemotherapie 23
Cholesterin, senkend 54
Chutney 44, 59
Chutney, Johannisbeer- 146
Chutney, Mispel- 88, 118, 128, 146
Chutney, Preiselbeer- 100
Chutney, Wildpflaumen- 78, 147
Cornus mas 42
Couscous 94
Cranberry 35
Crataegus monogyna 61
Crataegus oxyacantha 61
Crème brûlée 108
Creme, Zitronen- 126

D
Damassine 66
Darmleiden 35, 44, 56
Desinfizierend 31, 32
Diabetes 41
Dörrfrucht siehe Trockenfrucht
Durchblutung 69
Durchfall 35, 36, 54, 56, 59

E
Eberesche 22, 28
Eiscreme 116, 118
Elsbeere 31, 48
Entenbrust 78
Entwässerung 36, 39
Erkältung 39, 41, 53, 69
Erschöpfung 59
Essig, färben 24
Essig, einlegen 27, 39

F
Färbemittel 23, 24, 44, 46, 53
Felsenbirne, Echte 32
Felsenbirne, Kahle 32
Felsenbirne, Kupfer- 32
Felsenkirsche 65
Feuerbrand 22, 28, 30, 31, 32, 43, 48, 51, 56, 62
Feuerbusch 54
Fieber 27, 36, 39
Fisch, Thun- 82
Fisch, Seeteufel 94
Fleisch, Entenbrust- 96
Fleisch, Kalb- 86
Fleisch, Perlhuhn- 100
Fleisch, Poularden- 98
Fleisch, Reh- 100, 102
Frischverzehr 23, 24, 26, 35, 40, 41, 44, 46, 47, 48, 51, 57, 59, 63, 66
Frühlingsrolle 76, 78
Furnierholz 28, 65

G
Gänseleber 80, 84
Gastritis 44
Gelee 23, 24, 27, 28, 31, 35, 39, 40, 41, 54, 62, 80, 90, 98, 100, 102, 120, 134, 136, 137, 149
Gelenkschmerzen 36
Geliermittel 51
Getreiderost 24
Gicht 28, 40
Gichtbeere 40
Grippe 41, 53, 69
Grütze 126

H
Haferpflaume 66
Hagebutte 68 ff, 86, 120, 144, 149
Hagebuttenmark 144
Halsschmerzen 27
Haltbarmachung 51
Harntreibend27, 39, 51, 58, 69
Hautkrankheit 59
Heckenrose 70
Heidelbeere 34, 116
Heidelbeere, Kultur- 34
Heiserkeit 27
Herztonikum 62
Himbeere 36, 115, 116, 151
Hippokrates 26
Hippophaë rhamnoides 52
Holunder, Roter 38, 114, 136
Holunder, Schwarzer 38, 39, 102, 114, 118, 126, 128, 132, 136, 149
Holunder, Weißer 114
Holunderblüte 39
Holzapfel 63
Husten 28

I
Immunsystem, stärkend 23, 24, 27
Infektion 39
Indianerbeere 22
Intarsie 24, 50

J
Johannisbeere, Blut- 41
Johannisbeere, Gold- 41
Johannisbeere, Rosa 40
Johannisbeere, Rote 40, 113, 116, 146
Johannisbeere, Schwarze 40
Johannisbeere, Weiße 40, 113, 116, 146
Jostabeere 42

K
Kaffeeersatz 44, 62
Kandieren 23, 24, 44
Käse 88, 90, 128
Ketchup, Mispel- 150
Kirschpflaume 66
Kompott 28, 32, 44, 46, 54, 59, 62, 66, 82, 106, 108, 122, 128, 138, 140, 142
Konfitüre 27, 28, 31, 32, 35, 39, 40, 44, 46, 48, 57, 59, 63, 66, 144
Kornelkirsche 42, 96, 108, 124, 138
Kosmetika 53
Krampfadern 44
krampflösend 27
Krebs 40
Kreislauf 23, 62
Krieche 66

L
Likör 35, 44, 59
Lonicera kamtschatica 47

M
Magenleiden 56
Mahonia aquifolium 46
Mahoni, Gewöhnliche 47, 106, 116, 124
Maibeere 47, 112, 116, 126
Magenbeschwerden 36, 44
Malus silvestris 6
Mayonnaise, Sanddorn- 82, 150
Mehl, Felsenkirschen- 65
Mehlbeere, Echte 48
Mehlbeere, Schwedische 48
Mespilus germanica 50
Mispel, Echte 50, 84, 88, 118, 128, 134, 144, 146, 148
Möbel 65
Moosbeere 35
Motte 41
Mousse 124, 126
Mundschleimhautentzündung 27, 36, 59
Mus 23, 31, 48, 51, 53, 54, 57, 59, 62, 70, 74, 84, 122, 144
Musikinstrument 65

N
Nervösität 40, 62
Nudeln 100

O
Obstbrand 44
Obstsaft 56
Obstwein 57
Olivenersatz 59
Oxelbeere 48

P
Phytotherapie 24, 62
Preiselbeere 35, 100, 140
Prunus avium 64
Prunus cerasifera 65
Prunus cerasus 65
Prunus domestica 66
Prunus domestica ssp. prisca 66
Prunus mahaleb 65
Prunus spinosa 58
Prunus syriaca Borkh. 66

Q
Quitte 84

R
Rachenschleimhautentzündung 27, 59
Rheuma 28, 40, 59
Ribes grossularia 60
Ribes nidigrolaria 42
Ribes nigrum 40
Ribes odoratum 41
Ribes rubrum 40
Ribes sanguineum 41
Rosa canina 70
Rosa glauca 70
Rosa pendulina 71
Rosa pimpinellifolia 71
Rosa pirosa 71
Rosa pomifera 71
Rosa rubiginosa 71
Rosa rubrifolia 70
Rosa spinosissima 71
Rosa tomentosa 71
Rosa villosa 71
Rose, Alpenhag- 71
Rose, Apfel- 71
Rose, Bereifte 70
Rose, Bibernell- 71
Rose, Filz- 71
Rose, Hag- 70
Rose, Hänge- 70
Rose, Hecht- 70
Rose, Hecken- 70
Rose, Hunds- 70
Rose, Schottische Zaun- 71
Rose, Wein- 71
Rosinenbaum 32
Rösti, Apfel- 90
Rubus fruticosus 26
Rubus idaeus 36

S

Saft 23, 24, 27, 28, 35, 40, 41, 44, 46, 53, 59
Salat 70
Sambucus nigra 39
Sanddorn 52, 82, 112, 124, 137, 140, 148, 149
Sauce, Apfelbeeren- 94
Sauce, Hagebutten- 86
Sauce, Holunderbeer-, schwarze 149
Sauce, Kornelkirschen- 96
Sauce, Schlehenbeeren- 98
Sauce, süßsaure 148
Sauerdorn, gewöhnlicher siehe Berberitze
Sauerkirsche 65, 140
Sehkraft 35
Sirup 39, 44, 46, 53, 59, 118, 132
Sirup, Grundrezept 132
Sorbet 44, 59, 112, 113, 114, 115, 116
Sorbus aria 48
Sorbus aucuparia 22, 28
Sorbus domestica 56
Sorbus intermedia 48
Sorbus torminalis 31
Spargel 76
Speck 98
Speierling 56
Spilling 66

Sch

Scheinquitte 54, 80, 120, 134
Schlafstörung 32
Schlehe 58, 98, 115, 137
Schlehenpflaume 66
Schleimhautentzündung 44
Schnaps 57, 59, 62, 66
Schwarzbeere 34
Schwarzdorn siehe Schlehe
Schweißtreibend 39, 40

St

Stachelbeere 60
Steinweichsel 65
Stimmbänder 28
Stopfend 27, 31, 44

T

Tee 39, 59, 63, 69, 70
Teig, Crêpe- 120
Teig, geriebener 88
Teig, Grissini- 78
Teig, Hüppen- 110, 116
Teig, Ravioli- 84
Teig, Sablé- 126
Teig, Waffel- 106, 116
Tierlibaum 42
Tomate 82
Trockenfrucht 23, 24, 28, 29, 32, 35, 44, 53

U

Ungeziefer 41

V

Vaccinium 34
Vaccinium corymbosum 34
Vaccinium oxycoccos 35
Vaccinium vitis-ideae 35
Verdauung, anregend 23, 24, 28, 39, 40
Vitaminpräparat 22
Vogelbeere, siehe Eberesche
Vogelkirsche 64

W

Wanzenbeere 41
Weggen, Mispel- 88
Wein 59
Weißdorn 61
Wildapfel, Europäischer 63, 74, 122, 142
Wildbeersauce, süßsaure 76
Wildkirsche 64
Wildpflaume 66, 78, 140, 147
Wildrose 68
Wildzwetschge 66

Z

Zahnfleisch, stärkend 27
Zierquitte 54
Zibarte 66
Zucchino 82
Zypernpflaume 66